城市文化与品牌形象

饶 鉴 著

中国水利水电出版社
www.waterpub.com.cn
·北京·

内 容 提 要

本书把视角放置在城市文化品牌形象研究之上，以中国城市形象与城市文化为研究对象，对城市形象与城市文化的构建进行研究分析，主要论述了中国城市色彩的形象构建、中国城市景观的形象构建以及中国城市品牌的形象构建，本书在研究分析的同时也列举了大量的实例，对中外城市形象与城市文化进行了对照性的研究。

本书思路清晰，内容有层次有条理，理论阐述深入浅出，使读者易读易懂，是一本全面、有条理、有重点的城市品牌文化研究著作。

图书在版编目（CIP）数据

城市文化与品牌形象 / 饶鉴著 . — 北京：中国水利水电出版社，2018.8 （2025.6重印）
ISBN 978-7-5170-6924-9

Ⅰ . ①城… Ⅱ . ①饶… Ⅲ . ①城市文化 – 研究 – 中国 ②城市管理 – 品牌战略 – 研究 – 中国 Ⅳ . ① C912.81 ② F299.23

中国版本图书馆 CIP 数据核字（2018）第 221671 号

书　　名	城市文化与品牌形象 CHNEGSHI WENHUA YU PINPAI XINGXIANG
作　　者	饶 鉴 著
出版发行	中国水利水电出版社 （北京市海淀区玉渊潭南路 1 号 D 座　100038） 网址：www.waterpub.com.cn E-mail：sales@waterpub.com.cn 电话：（010）68367658（营销中心）
经　　售	北京科水图书销售中心（零售） 电话：（010）88383994、63202643、68545874 全国各地新华书店和相关出版物销售网点
排　　版	北京亚吉飞数码科技有限公司
印　　刷	三河市华晨印务有限公司
规　　格	170mm×240mm　16 开本　16.5 印张　204 千字
版　　次	2019年3月第1版　2025年6月第4次印刷
印　　数	0001—2000 册
定　　价	79.00 元

前言
reface

　　城市形象是一个城市长期发展的结果,良好的城市形象不仅能激发人们的思想感情,同样也能显示内在实力和外在活力,同时城市形象也是一个城市文化的外显。城市文化建设是城市现代化过程中继生产建设、公共设施建设之后迎来的城市发展的更高阶段,是城市品牌化的过程。挖掘城市的文化资源是打造城市品牌形象的重点,文化是城市生长的灵魂和生命力,而丢弃传统,割断文脉的发展,往往使城市成为日益增加的、毫无个性的复制品。

　　城市化给中国带来的变化广泛而深刻,我们不仅要从经济的视角，而更加需要从文化的视角，来研究这种迅捷的、深刻的变化，真诚地希望每一座城市，不仅仅在经济社会发挥枢纽和引领作用，同时希望它真正成为市民们安居乐业的精神家园。

本书将着眼于城市发展建设的大趋势背景，对城市文化与城市品牌形象进行研究与探讨。随着企业形象系统（Corporate Identity System, CIS）理论被引入城市品牌形象设计中，我国对城市品牌形象领域的研究浪潮此起彼伏，研究此领域不仅顺应了我国"十三五"规划的相关政策，更能为城市良性发展提供理论依据。城市品牌形象作为一个复合系统，文化是城市最好的"名片"。环顾世界，凡是能够在人们脑海中留下深刻印象的城市，都有他们独特的文化符号。城市绝不仅仅是钢筋水泥的建筑载体和工业加工、商业贸易的聚集，而是有灵魂和记忆的生命体。它存在着、生长着，不断给予我们以舒适、便利和精神上的慰藉。人类社会的终极追求是文化，城市的本质功能也是文化。从这个意义上来说，城市是文化的容器。经济是城市的基础，那么文化便是城市的灵魂。作为软实力的城市符号、城市文化就是构建城市品牌形象的重要切入点。研究视觉形象在城市品牌中的作用是我们探索的核心内容，在此基础上吸纳、融合、创新，最终切实提升城市品牌形象，推动区域经济稳定持续发展。城市发展建设上的趋同、城市面向世界的发展需要，都使得树立具有自身特点的城市品牌形象变得迫在眉睫。城市品牌的打造、形象的树立、建构甚至是营销逐渐成为城市经营者和城市研究者们所关心的特定话题。

作者在撰写本书时，得益于许多同人前辈的研究成果，既受益匪浅，也深感自身所存在的不足。笔者希望读者阅读本书之后，在得到收获的同时对本书提出更多的批评建议，也希望有更多的研究学者可以继续对城市形象与城市文化进行研究，以促进其理论不断发展、日臻完善。

第一章

城市文化与品牌形象概述

城市形象已经成为世界范围内普遍关注的问题，随着时代的发展，越来越多的国家开始注重城市形象的建设。21 世纪本就是品牌竞争的世纪，唯有树立品牌营造良好形象才有可能成为竞争的胜者。美国广告研究专家莱利莱特说：全球已进入"品牌大战"时代，拥有"品牌"比拥有工厂更为重要。当下社会生活中，"品牌形象"逐渐成为消费者甚至是开发商无比重视的一项核心内容。一种商品一旦被确立为"品牌"，它所拥有的内涵便开始超越其外在的物理特质，套上了某种象征性意义的光环，成为品牌与消费者达成合作的"标志"。对于城市也是如此，在不断发展变化的现代，城市化的发展早已进入了一个全新阶段，我们需要通过多学科的相互结合来探讨城市的发展现状。本章从整体方向对城市文化与城市品牌进行了相关的论述。

第一节　城市形象的概念与实质

一、城市形象的概念

　　每个城市,都有其发育、成长的母体和土壤,都有它独特的个性或区域特征,自然地缘、环境形态、绿色生态、历史文化、城市区位和经济发展水平等要素,不同城市的人、空间与时间的共生共存赋予了不同城市迥异的面貌与特征,在此基础上就诞生了"城市形象"[1]。城市形象是城市以其自然的地理环境、经济贸易水平、社会安全状况、建筑物的景观、商业、交通、教育等公共设施的完善程度、法律制度、政府治理模式、历史文化传统以及市民的价值观念、生活质量和行为方式等为要素作用于社会公众并使社会公众形成对某座城市认知的印象总和[2]。"城市形象"作为一种无形的战略资源,不断成为城市发展进步,带动经济长足发展的制胜关键与重要力量。

（一）关于"城市形象"的理解

　　所谓"城市形象",是指一个被人们认为"城市"的事物所呈现出的"形象"。"形象"本身又是一个美学概念,"感受性"应该是一个很重要的标准[3]。"城市形象"由城市方方面面的事物构成,而方方面面的事物都有自己的"形象",某个特定城市的事物会被"烙上"这个城市特有的"印记",这些"印记"是由这个城市的地域文化独特性所决定,当这些带有"印记"的事物汇聚在一起的时候,这个"城市"的"形象"自然就会浮现出来。

　　城市形象是该城市以物质和非物质为载体的各种信息

1/ 参见董晓梅:《关于曲靖城市形象塑造的思考》,《曲靖师范学院学报》,2012 年 9 月版第 5 期。
2/ 参见周睿雅:《城市形象设计中视觉符号的语义学阐释》,《设计》,2015 年第 5 期。
3/ 参见陈柳钦:《城市形象的内涵、定位及其有效传播》,《湖南城市学院学报》,2011 年第 1 期。

向人们传递与交流的外在形式和综合反映，是由这个城市的人、空间与时间共同建构的、有别于其他城市的、代表该城市特质的整体形象[4]。英国城市形象设计专家弗·吉伯特指出：城市由街道、交通和公共工程等设施，以及劳动、居住、休憩和集会等活动系统所组成，把这些内容按功能和美学原则组织在一起，就是城市形象设计的本质[5]。在城市形象设计中引入规划、建设、管理系统，城市形态、自然环境条件、建筑物、城市结点空间、街道、城市绿化等内容上，能够直接改善城市的视觉印象。同时，把城市形象设计延伸至城市产业、企业、产品、企业家发展以及城市文明建设等各个领域上也能很好地丰富城市形象内涵和社会带动效应[6]。

由于城市是复杂的多因素、多侧面的综合体，城市形象的呈现是丰富的。

（二）"城市形象"与"城市印象"

每一个城市或多或少都会给过往的人们留下关于这座城市特征的"印象"。人对形象的感知源于感觉与知觉。从城市艺术角度分析，审美感觉和审美知觉是感知城市形象的认识基础[7]。人们在体验城市形象时，总是以城市形象的感性材料作为形象认识的起点，通过对城市的亲身体验，通过视觉、听觉、触觉、味觉、嗅觉等各种器官，以及通感感知外界事物，形成具体的感性印象。这些表象材料所构成的"城市印象"是在人们大脑中形成"城市形象"不可缺少的因素。

城市形象是城市自然存在与人为创造的双重结果，取决于城市的综合资源，再现于公众的共同认知与综合评价。城市本身的综合性决定城市形象属于"文化"范畴的构成，具有广众性。而城市印象是一种个人意识，属于个人的"心理"范畴的构成，具有个体性。

4/ 参见陈柳钦：《城市形象的内涵、定位及其有效传播》，《湖南城市学院学报》，2011年第1期。

5/ 参见贾杜娟、陆峰：《铁画艺术在芜湖城市形象设计中的应用》，《宜宾学院学报》，2013年第1期。

6/ 参见罗静：《关于节事活动对城市形象设计研究——宜春打造亚洲锂都为例》，《大众文艺：学术版》，2011年第2期。

7/ 参见成朝晖：《城市形象的认识与表述》，《新美术》，2008年第100期。

（三）关于城市形象的认知和价值判断

1. 主观性倾向下的城市形象

对城市的认识具有主观性倾向,认识性的认知包含了收集、思考、组织和保留信息。人们认知城市的形象还包含着个人对城市的情感。情感性的认知包含了人们的情感,它可以影响人们对城市的认知,同样,对城市的认知也影响着人们的情感。在每一个人的心中,都有向往的城市;在每一个人的心中,都有对自己居住过的城市的依恋、怀旧和特有的情愫。城市与以往生活过的城市之间的差异,这种差异之美最易叩击人们的心扉,并表现为某种形象留在人们的心中。

2. 传播媒介在城市形象建构中的角色

城市形象的认知还包含着源自城市在人们心中的某种心理式的外在评价和联想,即判断性的,包含了价值和偏爱以及"好"与"坏"的判断。一些著名的城市形象,已经有一定的知名度,其城市形象容易在人们心中形成某种心理定式的外在评价。这些评价的形成往往来源于日常生活中接触到的一些传播媒介,如报纸、电视、宣传片等,它们往往会成为城市形象的承载者,大众之所以需要信息传播事业,是因为可以从中获得与生产、生活相关的各种信息。[8] 信息的获得可以消除人们对周围环境信息变化的不确定性,从而帮助人们作出有利于自己的决策和判断,并与周围的人或事互动,以更好地在社会中存活。传播媒介最基础,也是最重要的功能就是传播信息。媒介社会化时代,与城市品牌建构相关的政治、经济、文化等各类信息,主要借助大众媒介传递给社会公众。社会公众通过媒介传递的信息了解城市、观察城市、感知城市,从而形成对一个城市的综合评价和总体印象。也就是说,通过信息的传递,传播媒介建立起社会大众了解一个城市的途径,成为大众感知城市魅

8/ 参见郑保卫:《当代新闻理论》,新华出版社,2003年,第208页。

力的纽带,也成为城市展示自我形象的窗口。

二、城市形象的实质

城市这一概念古已有之。在最早的农业社会中,"城"与"市"是两个不同的概念。"城"是指一种大规模的、永久性的防御组织,以实体的城门、城墙、城楼为标志,最初用于防御野兽侵犯,后来则演变为防御外敌侵袭。进入集权社会后,城以及其所在的地域、居民、军队等共同构成特定行政单位的空间载体。"市"则是一种经济活动,早期是指物质交换活动,后来则特指物质交换活动进行的场所。在通用货币出现之后,则演变成以金钱交换物品的场所,如"集市""马市"等,再如欧洲早期的奴隶交易市场、兵器交易市场等。其"市"的位置常在居民点的井旁,故有"市井"之称。随着经济的发展,人口、资源等逐渐向"城"集中,于是"城"和"市"在地理位置与社会功能上逐渐合为一体,演变为"城市",成为人口、工业、商业和贸易的集聚之地。城市也逐渐与农村脱离开来[9]。

城市是市民进行生活起居的特定物理区域,也是国家执行政治职能的基本行政单位。传统的城市职能无外乎"政善于内,并强于外",是指城市应当对内行使对民生的改善职能,对外行使对城池的保护职能。在商业化浪潮汹涌而至的今天,城市对外的武力竞争职能被商业竞争职能所替代。随着经济的发展和科技的进步,城市从资源导向型的硬实力竞争逐渐转向了资源导向型与文化创意导向型相结合的综合实力竞争。同种类型、相似实力的城市之间,城市的知名度、辨识度和影响力成为关键要素。就是在这种背景下,商业化的"城市形象""城市品牌"概念被引入到城市发展之中,城市形象的概念应运而生。城市如何打造自己的城市形象,将自己做成一个具有竞争力的商品就成为城市领导者和规划者们必须面对的问题。

9/ 参见兰喜阳、郭红霞:《现代城市的特征与本质》,《中国城市化》,2003,6(2):40—46。

（一）关于城市文化

城市形象理论是建构在"形象"与"文化"意义上的。就城市而言,形象不是一个简单的可供辨认的符号性标志,而是一种人文精神的集中体现。

"文化"是一个内涵丰富、外延宽广的多维概念。文化成为城市延续的纽带。一个城市所在的空间不仅仅是独立的地理区域,同时,每一个城市都存在着深层次的独特文化,自然的和人文的影响越是多样化,城市形象的集聚特性就越是复杂,也越是独特。因此,一个城市形象是否具有吸引力和竞争力,重要的是看它的文化资源、文化氛围与文化发展水平。

城市文化随城市的产生、发展而逐步形成;城市文化的延续过程,记载着城市的过去,叙述着现在,预言着未来。城市文化是城市的文化品位、文化氛围、文化群体、城市人的文化修养、文化硬件设施及文化活动等各种文化要素构成的总和。

（二）城市形象与城市文化

城市是有形象的,而且是有理论的,城市形象的系统设计是会受到该城市地域文化的"心理"要因制约的,是从文化与形象角度对城市进程的总体设计,是一种美学的综合设计,以打造更好的城市形象。一座城市是一部文明的进化史,是历史的缩影,更为直接的是,城市还保存着人类历史文化的精华和现实的精华,人类社会的终极追求是文化,城市的本质功能也是文化。

城市文化是城市形象的根之所系,脉之所维。每一座城市经历时空的旅程,都有自己的历史值得去深入挖掘,有珍贵的历史遗迹需要保存,有历史脉络有待延续和完善。城市是有灵魂和记忆的生命体,它存在着、生长着,不断给予人类以舒适、便利以及精神上的慰藉。环顾世界，凡是能够在人们脑海中留下深刻印象的城市，都有它们独特的文化符号，也是一个城市参与全球城市竞争的巨大优势。如吴哥王朝国王苏耶跋摩二世，希望在平地兴建一座规模宏伟的石窟寺庙，作为吴哥王朝的国都和国寺。因此举全国之力，并花了大约 35 年建造。吴哥窟是吴哥古迹中保存最完好的建筑，以建筑宏伟与浮雕细致闻名于世（如图1-1 和图 1-2 所示）。一百多年来，世界各国投入大量资金在吴哥窟的维护工程上，以保护这份世界文化遗产。吴哥窟的造型，已经成为柬埔寨的国家标志，展现在柬埔寨的国旗上。

图 1-1 吴哥窟

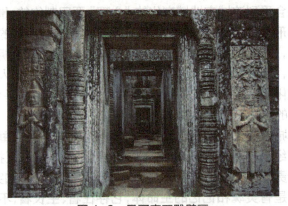

图 1-2 吴哥窟石雕壁画

可以说城市文化对城市形象的塑造有着重要的意义:

①有助于更好地理解城市形象研究的意义。世界文化与经济、政治相互融合的趋势日益明显,文化的内涵和功能对经济和社会的影响越来越强。

②注重文化的城市形象研究,必然建立在对城市形象诸要素统筹考虑的基础之上。城市的文化底蕴、文化氛围和市民的文化素质,越来越成为城市发展重要的软环境。

③城市文化优势正在成为城市形象竞争的比较优势。富于魅力的城市文化无疑将提升一个城市参与国际竞争的能力。对城市文化的充分研究,将为打造城市形象系统起到重要作用,使城市形象在构建中形成历史文化与现代文明的多元共融,形成多样统一的城市文化形象。

(三)城市形象与城市文化的涵容与选择

城市本身就是文化遗产。城市是人类社会发展的加速器和文化进化的容器。人类文化的发展具有两种选择模式,一种是替代性,另一种是积累性。

城市形象的塑造,也是在塑造城市文化,是"城市文化资本"的增值性经营。城市形象的构建是一个积极的、主动的过程,需要城市的经营者们通过政治、经济、文化手段明确所要传播的城市形象的内涵。这如同一个商业品牌的创建过程,在投放广告和市场营销之前,商业决策者们必须首先明确产品定位;同样,在城市形象的构建和营销过程中,首先需要明确的问题是,传者所要传递的理想中的城市形象是什么? 在打造形象的时间线上,以传者为出发点的城市形象是构成城市形象建构过程的第一步。

其次,从城市品牌化的过程和城市经营者(包括政府、专家、居民等)的角度而言,意味着以商业的眼光来审视和运作城市品牌树立城市形象。在这一过程中,城市不仅仅是一个行政区域,更是一个巨大的商品。作为商品的城市具有先天的巨大优势。因为任何城市,不论大小,都具备不同程度的政治能力、经济水平、历史积累和人力资源汇聚；同时，城市本身对周边地区的人、才、物等都具有一定的吸引力，是人员流动和商品流动的向心之力和枢纽之地；更重要的是，任何城市都是处于不断变化、互相联系、持续发展的体系中，与周边城市的关联、与自我历史的沿革或创新，都是城市发现源源不息的动力。因此，城市形象的塑造周期要远远长于一般的商业品牌，这就为城市形象的建构和营销提供了更为充分的时间和空间范围。

值得注意的是，要避免为了挖掘城市文化而陷入城市文化过大的"泛文化"泥潭，使城市形象的塑造缺乏个性。对文化资源的挖掘需要一个扬弃的过程，文化自身的扬弃，是文化形态的发展具有否定之否定的普遍形式，体现了随着社会生活实践的变化，人们创造了文化形态，并通过继承、批判和不断创新相统一的方式推进文化的发展，使之实现新陈代谢般的螺旋式上升的客观过程 [10]。

第二节　城市文化与文化城市

一、国内相关研究

20世纪70年代，采用传统的思路和方法已然难以驾驭不断呈现的环境问题和社会问题。基于此，人们开始反思社会发展的模式并逐渐认识到文化因素在社会发展中的重要作用，希望通过发现和发挥文化的各种潜在功能来解决一系列社会问题。于是，文化研究一时间成为整个欧洲最为重要的课题。60年代初，文化转向已经在英国开始，到了80年代，这一趋势仍盛行于主要的英语国家，随后波及全世界。90年代，文化的经济效应受到普遍重视，在城市研究领域基于文化创意经济的研究全面盛行，但将城市

[10] 参见史宏捷：《文艺为人民服务观念的历史演变与理论内涵——中国化马克思主义文艺理论的核心观念研究》，山东大学硕士学位论文，2007年。

文化与城市进行整合,探索城市文化与城市发展的有机协调与融合,则相对较少且表现出一定的滞后性。

(一)关于城市文化的认识

工业革命将人类从农业社会逐步转变成以城市为主导的工业社会,城市内涵的新特征和面对的新问题首先引起了社会学家的关注,城市与农村所呈现的不同特征成为社会学家热衷讨论的主要议题[11]。因此城市与农村对照所呈现出来的所有不同特征都被认为是城市文化的基本内涵,如城市景观、城市人际关系组织、城市居民观念、城市生活方式等。

芝加哥学派沃斯(Louis Wirth,1938)直接认为城市性就是城市的一种生活方式,城市本身即可以看成是一种文化,即城市文化。

人文主义大师芒福德(Lewis Mumford)指出城市文化具有深刻的城市发展历史和城市建成空间指向性,即对城市文化纵向维度的深度关注,并特别强调了历史文化对于培育城市精神的重要作用。

英国著名的城市学家霍尔(P.Hall)在《城市文明》(*Cities in Civilization*)中则综合了沃斯与芒福德的基本叙述思路,采用历史分析方法的将城市本身作为一个文化实体视角。

出于对文化生产和文化物质方面的兴趣,美国学者佐金(Sharon Zukin,2006)在《阁楼生活》中倾注了对居于城市的艺术家的关注,试图阐明艺术对城市发展的深刻影响,并从当代城市发展现实出发,将城市文化理解为一种可商品化的符号。

法国社会学家塞尔托(Michel de Certeau)似乎继承了考察个体日常生活体验这一传统。塞尔托认为人们常常忽视了日常生活对于个人和社会的重要意义。

法国符号学大师巴尔特(Roland Barthes)从整体上

11/参见唐艳丽:《城市亚文化空间探索与规划》,中南大学硕士论文库,2011年。

对城市进行把握,在理解城市文化上采用其一贯主张的符号学思想,认为城市是一种语言,是符号的组合,城市符号构成一种不断演进的语言,其不仅可读,而且可以言说。

由此可见,城市文化形象构建的目的就是为具体的、庞大的城市提供抽象的、可传播性的符号,使得不可移动的城市能够通过其符号代表,以抽象的形象到达广大人群,包括潜在的居住者、旅游者、评估者等。城市符号的最终形成需要在各类先天性和后天性资源的基础上创造出品牌符号的物质形态,如文字、图案、声音或者上述要素的组合。城市形象符合品牌的基本概念,对其要求也要从指代性、独特性和差异化三个角度来考虑。因为形象是一个较抽象的概念,通过具象化的载体才能在大众传播媒介有效传播,从而在观者的心中留下可识别的独特印象。

1. 城市形象的符号化

城市符号的指代性是城市品牌形象符号与城市本身的客观资源特征(包括地理特征、历史人文、民俗风情等)有一定的关联性。城市品牌形象的构建往往是一个简单的从符号提出者到符号接受者的过程。城市经营者们在提出合适的口号后,仅仅需要通过各种手段对这一符号本身加以推广,最终实现在消费者层面上从符号能指到符号所指的自然联想。

在这方面,老派的风景城市或者历史城市有着较大的优势,如"冰城"哈尔滨,"古都"西安,"瓷都"景德镇,"人间天堂"杭州等,都是在既有城市特色的基础上,因势利导地确立并强大城市品牌。对于一些新兴城市而言,则需要通过人工打造来确立城市品牌符号和城市特色之间的关系。例如,青岛借接力奥运帆船比赛打造"帆船之都",大理借"国际茶花博览会"之机打造"世界茶花之都",湖南沙坪通过"湘绣文化节"打造"中国湘绣之乡"等。

2. 保持城市符号的差异多样化

与此同时,城市品牌之间的趋同性逐渐磨灭了品牌之间应有的差异性和多样性,例如,洛阳以牡丹闻名天下,很多城市也盲目地发展牡丹产业,打出"洛阳牡丹甲天下,XX 牡丹甲洛阳"的招牌。这种文化嫁接的直接后果是导致品牌认同的模糊,实际上往往凸显了洛阳对于牡丹的独占性地位,对本城市品牌的塑造则毫无裨益[12]。

独特性和差异化是指城市品牌必须与同类竞争城市区别开,要通过差异化定位而非模仿化定位来树立城市品牌。具象化的城市符号需要进一步诉诸于品牌传播,才能实现品牌的最终价值。城市品牌形象的传播就其对象而言可分为对内传播和对外传播两个方面,分别面向现有的和潜在的居住者、求学者和投资者群体。由于不同群体接受信息的渠道各不相同,对不同传播手段的依赖度、信任度和反应程度各异,因此,城市形象的树立与传播必须诉诸于多样化的整合传播方式。城市品牌形象的整合传播是指在统一的城市发展目标和城市品牌定位的指导下,整合各项传播内容和传播方式,保证各要素之间理念、风格、诉求的一致性,使得不同传播方式能够以统一的方式影响受众的视听,不断加强其对城市品牌的感受、认知和体验,从而形成对城市品牌的有效记忆和有效联想[13]。

(二)文化城市的理论探索

韩国在实施城市文化战略以来,就将首都首尔作为重点发展对象和实践场所。2006 年李奎泰在分析首尔的文化城市建设中,认为文化城市分成广义和狭义两种,狭义的文化城市指重视音乐、电影、美术等以艺术活动为主的文化艺术城市;广义的概念则并不停留在艺术活动的层次,它将包含了城市空间规划以及市民生活质量在内的整个市政活动都归于文化城市的范畴之内[14]。

12/ 参见王刚:《文化创意与城市个性塑造研究》,上海大学硕士学位论文库,2008 年。

13/ 参见刘路:《论城市形象传播理念创新的路径与策略》,《城市发展研究》,2009 年第 11 期。

14/ 参见顾朝林:《转型发展与未来城市的思考》,《城市规划》,2011 年第 11 期。

2007 年戈茨（Gerz）则通过分析当前关于文化城市的实践和相关城市文化发展战略，指出文化城市不仅体现在它拥有丰富的文化建筑和文化服务机构，还在于它具有强大的创意人群。他从城市圈层结构出发，指出创建文化城市不仅需要关注城市中心区，还必须极力促进文化郊区的发展，更理想的状态是促进文化乡村的发展。

二、国外相关研究

20 世纪 70 年代以来西方人文社会科学中出现了对文化研究的热潮，这可以认为是"二战"以来最为深刻的一次观念转变。在这一"文化转向"大潮中，多种社会学科均将文化置于研究的焦点，社会公平、归属、认同等成为民间和学术界普遍关心的热点问题[15]。在中国，由于国内政治环境的影响，文化转向大约发生在 20 世纪 80 年代后期，与城市研究领域相关的文化转向研究首先表现在人文地理、经济地理、历史文化遗产等领域。90 年代后期受西方国家城市文化战略实践影响，中国关于城市文化战略的探索开始繁荣兴盛起来。

（一）城市文化的定义

关于城市文化的定义，主要存在两种思路，其一是从文化的定义推理演绎，如台湾学者张丽堂（1983）沿用了泰勒关于文化的经典定义，将城市文化定义为人类生活于都市社会组织中，所具有的知识、信仰、艺术、道德、法律、风俗和一切都市社会所获得的任何能力及习惯。其二是从城市本身的特征出发进行定义，例如《中外城市知识辞典》认为城市文化往往也被称为"都市文化"，是市民在长期的生活过程中，共同创造的、具有城市特点的文化模式，是城市生活环境、生活方式和生活习俗的总和。它具有复杂化、多元化的特点，而由于城市文化的复杂性，许多学者通过明确

15/ 参见唐艳丽：《城市亚文化空间探索与规划》，中南大学硕士论文库，2011 年。

城市文化的具体所指对象而达到利于学术研究的目的[16]。

在实际研究过程中,普遍采用的是广义的城市文化定义或内涵。但也有学者从我国实际文化建设需要出发,认为城市文化属于文化总系统中的精神文化范畴,在我国所指的城市文化则是社会主义先进文化的一个有机组成部分,是独具特色的一种地域文化(李曙新,2005)。

(二)城市文化的结构

关于城市文化的结构,有两种代表性划分方法。第一种基本按照文化结构理论,将城市文化分成三个层次:物质文化、制度文化(包括行为文化)和精神文化(观念文化)(陈立旭,2002;刘文俭,2005)。另一种划分方法则强调城市生活方式的特殊性,将行为文化单独划分出来,分成四个层次:物质文化、行为文化、管理与制度文化、观念文化(郑卫民,2005)。

虽然关于文化的层次结构划分稍存差异,但普遍认为城市文化中的精神文化是城市文化的核心内容,其他文化层次都是精神文化的外化表现。而关于城市文化的特征,普遍认为其与农村(乡村)文化相区别,具有三个明显特征:①开放性和多元性;②集聚性与扩散性;③明显的利益社会特征。

(三)文化城市的含义

在理论上,目前国内关于文化城市的内涵和定义涉及甚少。戴立然(2001)认为"城市文化"是名词,特指"已经存在的物质文化和精神文化的总和",认为现代城市的核心是市,市的核心是人,人的核心是文。城市价值观念文化是城市文化的灵魂或精髓,是"文化城市"的关键,城市规范性文化是"文化城市"的重点,语言和符号是"文化城市"的重要手段。

16/ 参见魏彩杰、薛富兴:《差异与认同——长株潭城市群的文化发展探讨》,《大众文艺》,2012 年第 8 期。

第三节　城市文化的内涵与构成

一、城市文化的内涵

在传统观念看来,文化是一种社会意识形态,是与经济相对立的两个不同的范畴。但随着信息化与全球化进程的发展,文化已突破传统认识范畴,其经济效应日趋明显,甚至被当作一种资本进入生产——消费循环系统,在当前社会历史阶段这一特征尤为明显。

（一）文化的含义

文化,是一个十分复杂的词汇,关于文化的理解也是多种多样,莫衷一是。通常情况下,文化的外延与人的概念以及社会概念的外延具有一致性,这就是造成文化复杂难辨的根本原因。文化的最原始含义是一种符号系统(语言符号),其目的是交换信息和统一人的行为。

文化一词最古老的用法。在我国,文化这个词最早出现在刘向《说苑·指武》之中,"凡武之兴,为不服也,文化不改,然后加诛","文化"的意思是文治教化,与"武功"相对应。古典拉丁语中通常用于表示耕种土地、农业劳动等。到公元前45年左右,古罗马的一些哲学家开始使用cultura animi的构词方法,即耕种智慧。因此,在西方使用文化一词时,主要包含两个意思,即耕种土地和耕种智慧。虽然中西方在使用文化一词时表达的意思稍微有所不同,但都表明文化最初并不是一个名词,而是一个动词。

近现代文化一词的用法产生于文艺复兴和启蒙运动之间,最早将文化作为名词使用的,可能是德国的裴多菲和歌德。在我国,将文化作为名词使用并定型,大约在"五四"

时期的新文化运动。此后,文化作为一种学术术语开始
进入社会科学领域,最先对文化进行定义与讨论的是哲
学研究。

从文化研究的近现代发展来看,可以将文化的理解方
式归结为三大类别,即文化人类学领域关于文化的理解,从
文化人类学分离出来的文化学对文化的理解,以及从哲学
视角出发的文化哲学对文化的理解。

文化人类学的基本目标是对一个民族或者一种文明作
细致而整体性的历史研究,主要考察宗教、仪式、道德、法律
等与民族发展的相互关系。其典型代表是英国人类学之父
泰勒(E.B.Tylor)。

美国学者怀特(L.A.White)把文化学从文化人类学中
分离出来,创立了这一单独科学。他从如何分析和理解文
化的理论系统作为研究点出发。

最后是从文化哲学角度理解文化。主要以苏联学者为
代表。他们关于文化的理解主要基于马克思的历史唯物
主义观,因此,其主要关注的是社会经济基础、意识形态等
内容。

(二)城市文化的一般性与特殊性

1.城市文化的一般性

由于文化本身的复杂性,因此研究文化不可能将文化
所包含的一切对象同时予以研究,只能去繁就简,选择文化
大系中的某一侧面作为研究重点。与城市和区域研究紧密
相关的文化研究主要包括文化景观研究、文化区域研究、文
化集聚扩散研究、文化生态研究、文化超机体论研究、文化
空间性研究以及文化的经济性研究等。

文化景观研究的学者认为不是自然造就文化,而是文
化作用于自然,并且以文化景观为作用的结果和表现形式,
因此考察文化在自然上的外在表现将获得对文化的理解,

而文化内部各要素的相互作用关系显得并不那么重要。文化空间性和文化的经济性研究属于较新的研究领域。其中文化空间性研究属于新文化地理学观点，认为文化与空间具有紧密联系，主要探索人与空间联系的文化纽带，以及空间内涵的人类文化情感。文化的经济性研究主要着重研究文化作为一种可消费符号的经济效应，以及文化商品化的可能性。

2. 城市文化的特殊性

基于文化的释义，城市文化可以简单概括为在城市范围内的共识符号系统荷载的社会信息及其生成和发展。而从城市文化一般性的论述中，可以看到对"共识符号系统"这一重要概念的忽略。事实上，文化的"约束性和规范性"这一最原始功能，正是城市文化与乡村文化相区别的最重要方面之一。

文化不仅包括如戏剧、歌剧、艺术、文学及诗歌等这些高雅的象征性活动形式，还包括那些推动文化发展的所有机构以及民间文化和日常生活文化。因此，在分析城市文化的特殊性时，首先必须关注到城市文化所包含的思想观念和价值观念。在此基础上，还必须借助比较城市文化与乡村文化间的差异这一方法来对城市文化的最深层次作出剖析。

从社会学角度讨论城市与乡村两者间的区别，最为著名的当为沃斯的"城市作为一种生活方式"的论断，其从城市人口规模、居民密度、居民和群体生活的差异三个方面阐述了城市之于乡村的特殊性（见表1-1）。

表1-1　城市与乡村居民的精神状态比较

影响要素	乡村	城市	对城市居民造成的影响
生产方式	家庭作坊式生产为主	专门化大生产	强化了个人对社会其他成员的依赖性

续表

影响要素	乡村	城市	对城市居民造成的影响
社会组织	血缘、家族关系	社区、社会契约	工作交流需要为主,强调信用、精确、守时
经济目标	小农经济、自给自足	商品经济、获利	精确计算、趋利、利润获取、商品交换、购买
生活节奏	相对缓慢、悠闲	快速	疲于应对、厌世情绪
生活环境	简单、稳定	复杂、多变	反应迅速、应对、自我保护、高度紧张
生活圈	狭小、封闭性	广泛、多样、复杂	社会监督降低,个性发展、个体外向拓展
行为规范	道德、风俗为主、法律为辅	法律为主,道德为辅	个性增长、极端行为概率增多

一定程度上讲,这种关于城市居民精神状态的论述不免有些偏激。但必须承认的是,它的确揭示了城市精神文化中某些最为本质的内涵。事实上,城市人的个性张扬、崇尚时尚潮流、城市居民对休闲的需求、城市消费主义的盛行等都可以说是上述文化心理的现实表现。

二、城市文化的构成

(一)有形文化资源

文化城市的基础即是文化资源的存在,一方面文化城市这一图景必须以多样性的文化为其基本构成内涵,以满足城市居民多样性文化消费以及文化与情感交流的需求;另一方面文化城市这一目标的实现必须依靠整合、发展、经营、运作文化资源才能获得实现。

文化资源既有一般资源的特点，也具有明显的特殊性。首先，从文化资源的内涵来看，文化资源是一个动态变化的概念，这是因为人类认识水平处于不断变化之中。其次，文化资源具有地域特征，即不同种族和人群对文化存在的价值认知具有差异性。再次，部分文化资源具有可多次交换性，即不同于煤、石油等传统自然资源，一些文化资源可以进行多次交换，具有裂变效应，文化资源作为一种具有共同认知价值的存在，一旦人们将商品经济以及资本经营的思路引入其中，文化资源则会转变为文化资本[17]。文化资源一旦转变为文化资本，便具有累积效应。

1. 城市建筑

（1）东方城市古建筑魅力

歌德说："建筑是石头的书"，可见，建筑是对文化的表达。最初的建筑是人们为了适应自然环境变化而创造的一个场所，由于全球自然环境的多样性及不同的区域有着不同的资源，人们自然就会因地制宜就地取材，如窑洞建筑、石头建筑、木结构建筑等，同时也把不同的地域性文化融入建筑之中，经过历史的积淀，从而形成了内涵丰富、特色鲜明、风格各异的地域性建筑。无论东方还是西方，建筑都是城市印象的关键，人们越来越愿意为建筑艺术买单，越来越注重在体验文化魅力的同时，驻足欣赏城市建筑来体会城市的多元文化。城市建筑是城市形象的重要组成部分，建筑的样式和特征也是反映城市面貌的主要载体。

东方建筑一般就指中国古代建筑，日本、韩国古建筑都是受中国影响，中国悠久的历史创造了灿烂的古代文化，而古建筑便是其重要组成部分。中国古代涌现出许多建筑大师和建筑杰作，营造了许许多多传世的宫殿、陵墓、庙宇、园林、民居等。中国古建筑从总体上说是以木结构为主，以砖、瓦、石为辅发展起来的。从建筑外观上看，每个建筑都有上、中、下三部分组成。上为屋顶，下为基座，中间为柱子、门窗

17/ 参见纪璐：《浅析基于文化资源的景观设计手法》，《城市建设理论研究》，2013年第13期。

图 1-3　莫高窟

图 1-4　应县木塔

和墙面。光是高翘的檐角、层叠的高度就足以让现代建筑师们惊叹。通过内部结构的细致与繁杂的"解剖图"，我们才能真切地感受到这些建筑瑰丽，东方建筑早已不能用"建筑"二字形容，它是民族文化与智慧的结晶。李乾朗先生自 2005 年起着手绘图，以解剖图法展现中国建筑史经典建筑，一栋建筑正是一部立体的历史（见图 1-3、图 1-4 所示）。通过李乾朗先生的画作，我们能清晰地看到其饱含中国文化特质。

　　看今天的日本，不管是建筑还是服装，不论是礼仪还是茶道，都保留着浓郁的唐朝遗风，甚至就连名字也是这样，日本人取名喜欢叫大郎、太郎、次郎、二郎、三郎、四郎都是从唐朝学的,正如唐明皇李隆基人称李三郎。在日本,京都分成东京和西京,东京就是模仿中国的东都洛阳建造,西京则是模仿长安建造。在古代唐朝人如果到了京都,会发现自己恍惚间还在长安。有人说,现在中国人要想感受唐朝建筑文化可以去日本的京都。比去现在的西安更能找到你想要的感觉。如今的西安老街,在历史变迁,改朝换代间,唐朝时期的建筑风格早已黯淡消失,西安建筑虽然也是老建筑,却很难感受到唐朝的建筑风格(见图1-5)。东方文明的交融让唐朝建筑风格在日本得以延续(见图1-6和图1-7)。

图1-5　西安老街

图1-6　承香殿

（2）西方城市古建筑魅力

建筑往往具有一定的象征意义,优秀的建筑作品往往会成为一座城市的地标,吸引来自世界各地的游客前来打卡。西方的城市标志性建筑主要是由艺术作品构成,它的建筑时长多为近百年的现代建筑,它的形象、大小和色彩变化在城市中起到重要的引导和指示作用。标志物的形象特征不仅代表着居民的某种审美取向,同时它往往还是一个时代的写照,反映了特定民族的内在文化气质。

图1-7　清水寺

西方建筑的发展过程是西方文明的演进过程,西方建筑在很大程度上受希腊文明、罗马文明以及基督教的影响,而基督教的信仰与希腊罗马诸神的信仰又正好相反,这种相反造就了西方世界不同的建筑文化。同样,艺术运动、艺术流派的盛行发展,也让建筑印上了不同的表现特征,可以说建筑作为文化的符号,是凝固的艺术。

（3）古罗马建筑艺术

罗马帝国用修建的地上建筑的繁华去印证自己心灵上对天国的渴望,2世纪哈德良皇帝时期修建的万神庙是罗马建筑的典型风格,是第一座注重内部装饰胜于外部造型的罗马建筑,是西方圆拱巨型建筑的典范(见图1-8和图1-9)。穹顶象征天宇,穹顶中央开了一个直径8.9米的圆洞,可能寓意着神的世界和人的世界的某种联系。

图1-8 万神庙

图1-9 万神庙穹顶

（4）拜占庭建筑艺术

公元 395 年,以基督教为国教的罗马帝国分裂成东西两个帝国。史称东罗马帝国为拜占庭帝国,其统治延续到15 世纪,1453 年被土耳其人灭亡。

东罗马帝国的版图以巴尔干半岛为中心,包括小亚细亚、地中海东岸和北非、叙利亚、巴勒斯坦、两河流域等,建都君士坦丁堡。拜占庭帝国以古罗马的贵族生活方式和文化为基础。由于贸易往来,使之融合了东方阿拉伯、伊斯兰的文化色彩,形成独自的拜占庭艺术。建筑形式上,十字架横向与竖向长度差异较小,其交点上为一大型圆穹顶。穹顶在方形的平面上,建立覆盖穹顶,并把重量落在四个独立的支柱上(见图 1-10)。

图 1-10　土耳其圣索菲亚大教堂

（5）中世纪建筑艺术

中世纪,基督教的盛行,发展出了独特的艺术形式——中世纪艺术,教堂在"拱"的概念上开始向上堆叠,巨大的单个穹顶也被分成了一个个小的穹顶,顶尖也开始不断向上发展,这种延续古罗马风格的新建筑形式也被称之为——罗马式艺术。

图 1-11　意大利比萨大教堂

　　意大利比萨大教堂正立面高约 32 米,底层入口处有三扇大铜门,上有描写圣母和耶稣生平事迹的各种雕像。大门上方是几层连列券柱廊,以带细长圆柱的精美拱圈为标准,逐层堆叠为长方形、梯形和三角形,布满整个大门正面。教堂外墙是用红白相间的大理石砌成,色彩鲜明,具有独特的视觉效果(见图 1-11)。

　　(6)哥特式建筑艺术

　　随着基督教信仰的不断攀升,教堂形式从罗马式不断向上攀升的顶尖,逐步形成了高耸入云的穹顶与塔楼,形成了 12 世纪的——哥特式建筑风格。哥特式艺术是 12 世纪至 16 世纪初期欧洲出现的一种以新型建筑为主的艺术,包括雕塑、绘画和工艺美术。建筑形式上窗户细高、门窗向上突出,高耸云天的细长的尖塔、整个教堂向上的动势很强,雕刻极其丰富。其局部装饰均富有强大表现力,这种形式在这一时代的教会建筑中占有统治地位。

　　在所有教堂中,德国的科隆大教堂的高度居德国第二、世界第三(见图 1-12)。论规模,它是欧洲北部最大的教堂。集宏伟与细腻于一身,它被誉为哥特式教堂建筑中最完美的典范,它为罕见的五进建筑,内部空间挑高又加宽,高塔直向苍穹,象征人与上帝沟通的渴望。除两座高塔外,教堂外部还有多座小尖塔烘托。教堂四壁装有描绘圣经人物的彩色玻璃;钟楼上装有5座响钟,最重的达24吨,响钟齐鸣,声音洪亮。科隆大教堂内有很多珍藏品。"二战"期间,教堂部分遭到破坏,近20年来一直在进行修复,作为信仰象征和欧洲文化传统见证的科隆大教堂最终得以保存。

图1-12 德国的科隆大教堂

　　米兰大教堂是意大利著名的天主教堂,又称"杜莫主教堂"、多魔大教堂,位于意大利米兰市,是米兰的主座教堂,也是世界五大教堂之一,规模居世界第二。于公元1386年开工建造,1500年完成拱顶,1774年中央塔上的镀金圣母玛丽亚雕像就位。1965年完工,历时五个世纪。它不仅是米兰的象征,也是米兰市的中心(见图1-13)。

　　由于多元文化价值观念在欧洲新旧交替冲突,使得欧洲在建筑、雕刻、城市景观规划、绘画上发生了全面的质变,这种质变的"凝聚物"延续至今,成为一座城市深深不可割破的城市文化。而在这新旧拉锯战中形成的文化产物便是"巴洛克","巴洛克"贯穿整个17世纪,名称通行于整个欧洲大陆,每个地区都产生了不同的巴洛克形式,这种

图 1-13　意大利的米兰大教堂

图 1-14　德累斯顿　森帕歌剧院

图 1-15　罗马耶稣会教堂

"巴洛克"风格建筑造就了如今欧洲建筑华丽亲切的视觉效果。繁复的装饰，华丽的金色无不展现着建筑艺术的堆砌之美（见图 1-14）。

其中罗马耶稣会教堂是第一个巴洛克建筑，是意大利文艺复兴晚期著名建筑师和建筑理论家维尼奥拉由手法主义向巴洛克风格过渡的代表作，也有人称之为第一座巴洛克建筑。罗马耶稣会教堂平面为长方形，端部突出一个圣龛，由哥特式教堂惯用的拉丁十字形演变而来，中厅宽阔，拱顶布满雕像和装饰。两侧用两排小祈祷室代替原来的侧廊。十字正中升起一座隆窿顶。教堂的圣坛装饰富丽而自由，上面的山花突破了古典法式，作圣像和装饰光芒。教堂立面借鉴早期文艺复兴建筑大师阿尔伯蒂设计的佛罗伦萨圣玛丽亚小教堂的处理手法。正门上面分层檐部和山花做成重叠的弧形和三角形，大门两侧采用了倚柱和扁壁柱。立面上部两侧作了两对大涡卷。这些处理手法别开生面，后来被广泛仿效（见图 1-15 和图 1-16）。

图 1-16 圣彼得广场

2. 南北方城市建筑差异魅力

　　同样,回看华夏大地,因为中国幅员辽阔,气候环境差异巨大,因而建筑的地域性特征差异表现得特别明显形成了皖南民居、西北民居、江南民居、北京民居、客家民居等多种建筑形式。现以西北民居、江南民居与皖南民居的地域性建筑分析加以说明。我们会发现不同的地理环境、历史变迁、气候变化造就了南北迥异的建筑风格。有时你甚至通过一张建筑照片就能辨别建筑的地域方位,南方还是北方。例如,山西建筑(见图 1-17 ~ 1-19),山西民居是中国传统民居建筑的一个重要流派。在中国民居中,山西民居和皖南民居齐名,一向有"北山西,南皖南"的说法。山西民居中,最富庶、最华丽的民居要数汾河一带的民居了,而汾河流域的民居,最具代表性的又数祁县和平遥。山西民居与其他地区传统民居的共同特点都是聚族而居,坐北朝南,注重内采光;以木梁承重,以砖、石、土砌护墙;以堂屋为中心,以雕梁画栋和装饰屋顶、檐口见长。山西的村落无论大小,很少没有门楼的,无论是入村、入城还是入家门口,都会建一座纪念性建筑物。

图 1-17　山西建筑特色

图 1-18　山西王家大院门楼

　　窑洞民居同样是非常具有地域文化代表性的建筑
形式,窑洞是黄土高原的产物,是朴实农民的象征(见图
1-20、图 1-21)。窑洞一般有靠崖式窑洞、下沉式窑洞、
独立式窑洞等形式,其中靠山窑应用较多,它是建筑在山

坡,土原边缘处,常依山向上呈现数级台阶式分布,下层窑顶为上层前庭,视野开阔。下沉式窑洞则是就地挖一个方形地坑,再在内壁挖窑洞,形成一个地下四合院。在这里,沉积了古老的黄土地深层文化。过去,一位农民辛勤劳作一生,最基本的愿望就是修建几孔窑洞。有了窑娶了妻才算成了家立了业。男人在黄土地上刨挖,女人则在土窑洞里操持家务、生儿育女。小小窑洞浓缩了黄土地的别样风情,那里面凝聚了农民们所有的喜怒哀乐。

图 1-19　平遥市楼

图 1-20　窑洞民居

图 1-21　窑洞民居

　　住过窑洞的人都知道,窑洞最适宜人类居住。其最大的优点是冬暖夏凉,四季如春。它依着厚厚的黄土,风吹不进,日晒不透,雨淋不湿,雪冻不着,无论是炎炎夏日还是寒冬腊月,时刻都保存着一种恒温,不热不冷。尤其是夏冬两季,再让人舒适不过。

　　相比于北方的粗犷,南方的建筑更显婉约与精致(见图1-22 ~ 1-24),这种建筑上的差异源于数千年不同地域的人来生活中对自然和美的理解与创造,是一种极其复杂的形成过程。在当今南北建筑差异的研究上关于造成南北建筑差异的原因大致分为:气候条件、历史条件、自然条件等客观因素。但笔者认为,气候、历史、自然只能说对建筑的形成有一定影响,还应该考虑到这种建筑形式的产生可能包含了更多的主观因素,它可能源于建筑者自身对美的理解、生活和精神上的需要以及自身的心境与性格,而往往这种关乎"人的思想"价值层面的东西随着时间的流逝和建筑者的逝去是最难捕捉分析的。

图 1-22　拙政园

图 1-23　留园风光

图 1-24　何园枫叶

　　在江南建筑中我们更能体会到建筑者精神价值层面上的追求。江南园林以得水为贵，宅园的选址大多在靠近水系的地方。明清时期，江浙一带经济繁荣，文化发达，苏州、湖州、杭州、扬州等城市，宅园兴筑盛极一时。园林都是在唐宋写意山水园的基础上发展起来的，强调主观的意兴与心绪表达，重视掇山、叠石、理水等创作技巧；突出山水之美，注重园林的文学趣味。建筑朴素，厅堂随宜安排，结构不拘定式，亭榭廊槛，宛转其间，一反宫殿、庙堂、住宅之拘泥对称，而以清新洒脱见称。由此可见建筑与建筑者的文学修养、生活追求、心绪情感都有着不可割裂的关系。

　　同样，南方建筑流派中皖南建筑风格（图 1-25、图 1-26）也是十分重要的建筑文化分支，正如前面提到的"北山西，南皖南"，徽派民居建筑与江南水乡民居有很多相似之处，地域同属江南。江南水乡是古吴越之地。徽州是"吴头楚尾"，处钱塘江上游，受吴越文化的影响很大。建筑都是砖木结构，并以木构架承重。建筑装饰都有木、砖、石雕工艺。但是，徽派民居建筑有着明显有别于江南民居建筑形式。徽派建筑四周高墙围护，只留天井通风、采光；天井是整个民居的中心，有严格对称的中轴线；为了防盗，天井一般做得很深。徽派建筑村落群整体控制在自然环境之中，"依山建屋，傍水结村"，这也是为什么在安徽、江西等地，村落间相隔较远，呈现傍水散点分布形态，而非成片相连之态的原因。色彩上，徽州民居的黑与白形成强烈对比，这是徽派建筑一大显著特征。单从建筑色彩就能判断建筑属于徽派建筑，黑瓦白墙，大片的防火墙又与民居群落形成面与点的对比，屋内的天井中流淌的水和周围的青石刚柔并济，而平整洁白的墙面和精雕入微的门楼形成简与繁的强烈反差。

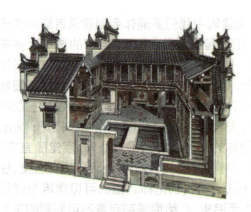

图 1-25 皖南名居

图 1-26 皖南名居

可以说,徽州有它的儒道大家之风,江南有它的士林儒学的温和安稳气质,若把徽派建筑比喻为深山野谷中的幽兰,以淡雅的风姿,吐出阵阵芳香;那么江南建筑则有如碧水绿叶中的荷花,用清灵的体态展示万般风韵。建筑作为文化的一种输出形式,是城市文化中的重要组成部分。文化影响着建筑的形式,建筑也在某种程度上促进着文化的繁荣发展与延续。地域建筑特色或多或少地影响着城市品牌形象的定位、包装与塑造。

3. 现代城市建筑魅力

每一位学建筑的学生来到欧洲必定会前往西班牙,因为有一位建筑大师值得他们前去膜拜,他的建筑设计让西班牙变得不可思议,你会惊叹建筑师的天马行空,甚至预想西班牙这座城市可能也如同它的建筑一般充满奇幻。他的建筑理念与风格被认为是现代建筑之术的代表。他的建筑风格既不是纯粹的哥特式,也不是罗马式或混合式,而是一种融合了东方伊斯兰风格、现代主义、自然主义等诸多元素的"高迪化"了的艺术风格,他就是天才建筑大师安东尼·高迪·克尔内特。高迪一生的作品中,有 17 项被西班牙列为国家级文物,7 项被联合国教科文组织列为世界文化遗产(图 1-27 ~ 1-29 所示)。

图 1-27 安东尼·高迪·克尔内特建筑作品

图 1-28 安东尼·高迪·克尔内特建筑作品

图 1-29　安东尼·高迪·克尔内特建筑作品

除了上面这些天才型的建筑作品外,现代建筑中给人带来深刻印象的往往还有"地标性建筑",之所以能成为地标,甚至是城市标志,是因为建筑本身凝聚了现代艺术形式、表现方法与现代建筑工艺,建筑基本特征甚至可以运用最简单的形态和最少的笔画来勾勒,很快唤起大众对它的记忆,如悉尼歌剧院、玻璃金字塔、迪拜帆船酒店(图1-30 ~ 图1-32 所示)等世界著名的标志性建筑一样。它们是现代艺术的结晶,是一个城市的名片和象征。

图 1-30　悉尼歌剧院

图 1-31　玻璃金字塔

图 1-32　迪拜帆船酒店

（二）无形文化资源

　　无形文化是指那些非物质形态的,具有艺术价值、历史价值的东西,是人类在社会历史实践过程中所创造的各种精神文化。2003 年 10 月通过的《保护非物质文化遗产公约》指出，非物质文化遗产应涵盖五个方面的项目：①口头传说和表述，包括作为非物质文化遗产媒介的语言；②表演艺术；③社会风俗、礼仪、节庆；④有关自然界和宇宙的知识和实践；⑤传统的手工艺技能。非物质文化遗产概念中的非物质性的含义，是与满足人们物质生活基本需求的物质生产相对而言的，是指以满足人们的精神生活需求为目的的精神生产这层含义上的非物质性。所谓非物质性，并不是与物质绝缘，而是指其偏重于以非物质形态存在的精神领域的创造活动及其结晶。这种通过人民世代相承的传统文化表现形式在保留继承发扬上往往更难，越来越多的非物质文化遗产也正濒临消失。民间文学、民间音乐、民间舞蹈、传统戏剧、曲艺、杂技与竞技、民间美术、传统手工技艺、传统医药、民风民俗都是满足人精神层面某种需要的非物质性文化资源。

1. 手工技艺

中国民间工艺发展至今是一项伟大的工程，中国剪纸、风筝、雕刻、编织、陶瓷都属于民间工艺的范畴，更有年画、刺绣、玉器、灯彩这些历史悠久的日常活动也属于中国民间工艺。

（1）中国传统木结构营造技艺

中国作为四大文明古国之一，随着经济、社会、文化的不断发展演进，传统手工技艺也随着社会进步发展、创新。古人对于房屋居住空间的需求，促进了古代中国建造工艺的不断进步。中国传统木结构营造技艺是以木材为主要建筑材料，以榫卯为木构件的主要结合方法（图1-33、图1-34），若榫卯使用得当，两块木结构之间就能严密扣合，达到"天衣无缝"的程度。它是古代木匠必须具备的基本技能，工匠手艺的高低，通过榫卯的结构就能清楚地反映出来。以模数制为尺度设计和加工生产手段的建筑营造技术体系，建筑整体不使用一颗钉子相连。营造技艺以师徒之

间"言传身教"的方式世代相传。而世界最大的木质结构
营造技艺建筑便是——故宫。北京一直处于地震活跃带附
近,所以古代的工匠在建造紫禁城的时候,采取了很多抗震
措施,因此在过去的 600 年间,它经受住了 200 次毁灭性
的地震,包括 1976 年发生的唐山大地震。那么一座座如
此巨大的木结构建筑单体之所以能抵御住自然灾害侵袭,
其主要原因就在于中国传统木结构的营造技艺,屋顶错落
有序的斗拱木结构如同汽车里的减震器,在地震发生时起
到了很好的缓冲作用。在故宫模型抗震测试中,故宫模型
在 10 级地震中岿然不倒,地震强度相当于 200 万吨 TNT
炸药的量。

图 1-33　斗拱木结构建筑

图 1-34　榫卯严丝合缝

　　由这种技艺所构建的建筑及空间体现了中国人对自然和宇宙的认识，反映了中国社会的传统等级制度和人际关系，影响了中国人的行为准则和审美意向，凝结了古代科技智慧，展现了中国工匠的精湛技艺。这种营造技艺体系延承 7000 余年，遍及中国全境，并传播到日本、韩国等东亚各国，是东方古代建筑技术的代表。

　　（2）中国传统雕刻技艺

　　清徐砖雕是山西清徐民间雕刻艺术之一（图 1-35），历史悠久，载负着各个时代不同的文化传承，也留下了不同的时代烙印。几千年来基本依靠师徒、父子之间的言传身教，并且需要凭借学徒自身的悟性和长期的实践操作才能掌握。砖雕从原料的选取到全部工序完成要经过 12 道工序，30 多个环节，且每道工序基本上都是手工操作。砖雕在民居中的大量运用又与晋商的崛起密切相关，经济富裕后的晋商竞相显贵夸富，兴起讲究建房规模和雕刻装饰，使得原来只用在宫廷、庙宇等建筑之上的砖雕进入民居。除了清徐砖雕，不同地域文化也孕育了不同的砖雕文化与砖雕风格，如徽州砖雕、临夏砖雕等（图 1-36、图 1-37）。

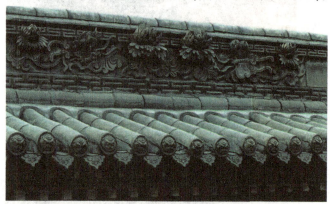

图 1-35　古建技艺·清徐砖雕

　　砖雕装饰大都采用民间喜闻乐见的形式，用借代、隐喻、比拟、谐音等手法传达吉祥寓意，表达人们对生命价值

图 1-36 古建技艺·徽州砖雕

图 1-37 古建技艺·临夏砖雕

的关注、对家族兴旺的企盼、对富裕美满生活的向往、对自身社会地位的追求。民间工匠将这种具有丰富文化内涵与寓意深刻的美好祝愿赋予了丰富的想象力,将其绘出图案来,然后再按照图案与工艺程序进行制作。

在手工技艺领域,中国传统手工艺还有很多很多,笔者就不一一介绍了,中国传统工艺门类众多,涵盖衣食住行,遍布各民族各地区。中国各族人民在长期社会生活实践中共同创造的传统工艺,蕴含着中华民族的文化价值观念、思想智慧和实践经验,是非物质文化遗产的重要组成部分。中国民间艺术历史悠久,内容丰富多彩,是千百年来民众创造并享受的文化积淀,是民众智慧的创造,是民间文化的重要组成,是大众的、生活的、民俗的艺术,是艺术领域中的一个类别。因此,在城市品牌形象构建、城市文化调研中都不应该忽视传统非物质文化的文化覆盖力与影响力。

2. 民俗风情

（1）戏剧文化

一方戏台之上,锣鼓喧天,丝竹盈耳,演员的一颦一笑,一静一动,演绎多少风云变幻与哀怨缠绵。昆曲是现存的中国最古老的剧种之一,起源于明代(公元14—17世纪)。昆曲的唱腔具有很强的艺术性,对中国近代的所有戏剧剧种,如川剧、京剧都有着巨大的影响。昆曲表演包括唱、念、做、打、舞等，这些内容也是培训京剧演员的基本科目。昆腔及其戏剧结构(旦、丑、生等角色)亦被其他剧种所借鉴。《牡丹亭》《长生殿》成为传统的保留剧目(图1-38)。昆曲表演用锣鼓、弦索及笛、箫、

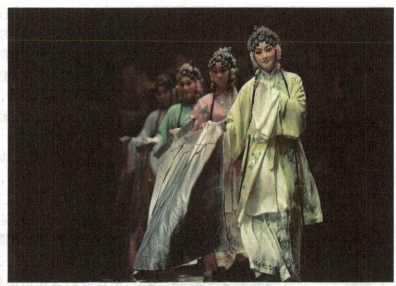

图1-38　昆曲·《牡丹亭》

笙、琵琶等管弦和打击乐器伴奏。昆曲的舞蹈动作主要分为两类，具有丰富的表现力。

地方戏曲文化的对内包装、对外输出，近几年表现得非常活跃，努力让戏剧成为全世界人民喜闻乐见的文化形式，让民俗走向世界。近年来，国家京剧院为了让戏剧文化更能为西方观众接受，花费了巨大心力，京剧《白蛇传》在伦敦展演，无论是舞台布景中精细的水墨画，还是剧中道具更能清晰地表达剧情。演员利用身体的摇晃来表现风雨交加或风平浪静的情景，整出戏中没有一艘船，却能将观众带入白素贞和许仙一见钟情的浪漫情节。演员的服装并不过度华丽，却与角色的特质和故事情境十分吻合，引领观众紧随剧情的发展脉络。整部戏的改编在保留故事精髓的同时，加入了许多更现代的表现手法，更直接地表达出每个角色所代表的意义，很好地引发西方观众对这个动人故事的情感共鸣。

（2）歌唱艺术

呼麦是北方蒙古族创造的一种神奇的歌唱艺术,歌手纯粹运用自己的发声器官,在同一时间里唱出两个声部(图1-39)。在中国各民族民歌中,它是独一无二的。呼麦主要分布在内蒙古自治区的锡林郭勒、呼伦贝尔、呼和浩特及新疆维吾尔自治区阿尔泰山一带的蒙古族居住地。蒙古国、俄罗斯图瓦共和国等国家和地区也能听到这种形式的歌唱。作为一种特殊的民间歌唱形式,呼麦是蒙古族人杰出的创造。它传达着蒙古族人民对自然宇宙和世界万物深层的哲学思考和体悟,表达了蒙古民族追求和谐生存发展的理念和健康向上的审美情趣。

图1-39　呼麦——来自蒙古族的声音

在南方,少数民族侗族的侗族大歌则是无伴奏、无指挥的侗族民间多声部民歌的总称(图1-40)。它包括声音歌、叙事歌、童声歌、踩堂歌、拦路歌。"众低独高"是其传统的声部组合原则,优美和谐是其鲜明的艺术品格,歌师教歌、歌班唱歌呈全民性的传承方式。它所承载和传递的是一个民族的生活方式、社会结构、人伦礼俗、智慧精髓等至关重要的文化信息。

图1-40　侗族大歌

　　振兴传统艺术,有助于传承与发展中华优秀传统文化,涵养文化生态,丰富文化资源,增强文化自信;传统民俗艺术的优化包装,有助于促进就业,实现精准扶贫,提高城乡居民收入,增强传统街区和村落的文化活力,有利于优秀民族文化的输出。

3.地方精神

　　城市精神是时代精神的缩影,人们能够通过城市精神感受到时代气息,越来越多的城市也开始着手提炼地方精神,可见地方精神对地方文化的促进作用,从地方精神发布的时间来看,最早公布城市精神的是深圳,早在1990年,深圳就把"开拓、创新、团结、奉献"确定为城市精神。地方精神的提炼往往很有难度,需要参考历史、文化、性格等多方面的因素。

　　每个地方都有传承下来的地方精神,它是城市的魂魄,见证着城市的精神文明发展。传承与发扬优秀的地方精神,是展现地方文化魅力不可忽视的一环。在地方精神的提炼传播上,山西是值得借鉴的,《又见平遥》利用舞台剧的表现手法，讲述了一个关于血脉传承、生生不息的故事。清朝末期，平遥城票号东家赵易硕抵尽家产，用自己以及232名镖师的生命从沙俄保回了分号王掌柜的一条血脉，从开场的起镖，到结尾的群舞，一路走来，演绎出了义字当头的魂，一个家族的兴衰，反映了一个时代的更迭。整场戏，震撼人心。这种在历史条件下自觉或不自觉发扬的一种特殊精神，它包括了进取精神、敬业精神、群体精神，忠义精神，在这里我们可以把它归之为"晋商精神"。这种精神贯穿于山西人的心智素养中，可谓是山西地方之魂。通过艺术表现手法，化无形于有形，发扬与传播地方精神文明，感染每一位观众，刷新观众对地方文化更深层次的认识。

（三）文化创意产业

文化创意产业的发展基础是对文化资源的经营和开发，也是文化资源的商品化所形成的产业门类。文化创意产业首先表现出来的是其巨大的经济效益，其次是由文化创意产业发展带来的创意人才集聚、创新孵化、资本扩张以及随之增加的社会就业，如今文化创意产业已成为文化城市的动力要素。

何谓文化创意产业，不同国家不仅采用了不同的术语，而且界定的具体行业类型也不尽相同。在我国，2004年国家联合多个中央政府部门设计了《文化及相关产业分类》，将文化产业的范围分类初步界定为六个方面，以此作为2004年全国第一次经济普查的统计标准。

2006年，为了适应文化产业发展和统计的需要，国家统计局和北京市共同正式颁布了《北京市文化创意产业分类标准》，这是我国首个关于文化产业的统一统计标准。

为创意产业集聚和城市经济发展起助推作用，很多城市在鼓推发展文化创意产业发展的同时，也纷纷设立创意产业集聚程度高的文创园。提到珠海文创园，可能有些人还会觉得陌生，但平沙糖厂在平沙肯定家喻户晓。珠海这座当年最大的糖厂,曾因电影《甜蜜的事业》在平沙糖厂取景红极一时。如今,在平沙镇平塘河北岸,原平沙糖厂旧址上,高耸的烟囱和错落的厂房早已拆除,空旷的厂区中央仍矗立着几栋银灰色的高大建筑,外墙包裹着流线型的金属外壳,酷似新潮的大型商场。走进建筑内部才发现,室内并无琳琅满目的商品和熙熙攘攘的客人,在蓝色墙壁映照下,几辆老式马车静静地伫立,仿佛在诉说着历史的轮回。珠海文创园内共有 4 个摄影棚,总面积超过一万平方米,这些摄影棚的前身是原平沙糖厂仓库,为了保留珠海人关于糖厂的文化记忆,公司投入上亿元对老旧仓库进行加固和改造,费用远远高于新建同样体量的摄影棚。珠海文创园的摄影棚可不只是"亚洲单体最大"那么简单,它采用了多项先进技术,可谓"武装到了墙壁"。据介绍,摄影棚在改造过程中,除了对墙壁进行基本加固和隔音处理,对屋顶加装设备以满足威亚、人造天气等功能外,其最大的特点在于运用了"百变景观区"外墙景观拍摄技术,可以利用 3D 扫描、三维建模、全息投影等诸多技术,为剧组合成出任意场景。珠海文创园现已成为国内第一家实现一条龙工业化制作的影视基地。

作为全球最大的文化创意产品生产国,美国文化创意产业是对经济增长拉动最大的产业门类,也是全美出口份额最大的产业,其发展很大程度上依赖版权制度的保护。纽约 SOHO(苏荷)区是美国最知名的创意园区之一(图1-41),它也曾是一个被废弃的地下工厂,由于纽约较早完成工业革命,这里的厂房价格也就从波峰直落谷底。这让那些穷得只剩画板和创意的艺术家们看到黑暗中的一线生机,纷纷卷起背包跑到这里安营扎寨,把大片厂房廉价租下后从事艺术创作。20 世纪 50 年代,为促进园区发展,纽约市政府出台法规,规定非艺术家不得进驻。全盛时期,面积不足纽约市区 1% 的 SOHO 区内,居住着全纽约30% 以上的艺术家。错落有致的街道下是往来不绝的人

图 1-41 纽约 SOHO

流,特色鲜明的建筑里是先锋酒吧、咖啡店、画廊、艺术衍生
品商店,一切都令人目不暇接。纽约依靠自身的国内外地
位和综合实力,很自然地成为人才高地,各类人才的大量汇
聚又激发城市建构创意资本的能力,进而为其创意产业园
区的发展打下基础。

同时,纽约开放多元的城市文化能够创造大量机会释
放不同群体的创意,因而可以引致文化创意人才的聚集,并
为其提供激发创意的永久动力,推动创意产业园区不断发
展。纽约是著名的移民城市,自由、宽容、生活方式多元化,
对艺术家产生了极大的吸引力。艺术家在苏荷区集聚之
后,这种开放多元的城市文化又进一步促进园区的创造活
力,造就了如今时尚、个性、前卫,集艺术、时尚、购物、休闲
于一体的都市休闲创意产业园区——苏荷(图 1-42)。同
时由于苏荷区所在的曼哈顿岛是世界金融最发达的地区之
一,雄厚的经济实力促进了创意园区的发育,园区的欣欣向

荣又反过来推动城市的经济增长,城市与园区的循环互动成为此类园区的重要生命体征。

图 1-42　苏荷的街头艺术

同时,纽约市近期公布了"Made in NY"创意园区计划(图 1-43),以振兴纽约服装制造和电影电视制作产业。时尚和电影作为纽约重要的创意产业,仅纽约时尚产业就占据了纽约市 5% 的劳动力,创造了 182000 个岗位。其中服装制造业占据了整个制造业的 30%。同时,电影电视行业也发展迅速,黄金时段的电视剧数量以将近两倍的速度增长,电影则增长了 40%。

但迫于上涨的房租,这些为纽约带来创意和财富的行业,缺乏稳定、可负担得起的工作空间。拿时尚产业来说,公司选择海外制造商已经是一件很普遍的事情了。为了逆转这一现状,"Made in NY"选择了连接附近工业园区 Bush Terminal 以及布鲁克林 Army Terminal 的地块,其中 20 万平方英尺的空间将会用作服装制造产业(图 1-45),10 万平方英尺的空间用作电影和电视制作(图 1-45),同时包括相应摄影服务和教育的支持,剩余的空间将用作食物零售以及为当地新兴品牌提供小的制造工作室。

图 1-43 "Made in NY" 创意园区

图 1-44 低廉的服装加工场地

图 1-45 快速变换的电视电影场景棚

（四）文化景观

文化景观是文化城市的魅力要素。其一是景观的产生必定依赖于某种客观存在，例如城墙、森林、山谷等；其二是这种客观存在要构成景观，必定需要通过人的审美和感知，即景观是一种感知和审美的结果。

文化城市，必须将文化景观最具魅力特质的文化要素充分凸显出来，有利于城市居民和其他有机会接触该城市的"漫游者"对城市文化的感知。而漫游者对这一媒介的接触，则完成了城市文化的传递和文化景观的最终目的。

城市文化景观包含多个层次。第一个层次——城市景观，对于外来的"漫游者"而言，城市景观属于表层，是其最易于感知的对象，即一般性风景审美的过程。有序、细腻而丰富的城市景观将给"漫游者"带来强烈的审美冲击和深刻的感知意象。例如,威尼斯则以蜿蜒的水巷、流动的清波、精巧的建筑以及细密的城市纹理体现其水都风采,给人印象深刻,无限遐想。

城市文化景观的第二个层次,即更具内涵的城市文化价值、情趣与城市精神等。由于该内容的隐性特质,因此必须依靠一定的规划设计予以表现。例如,采用"植入式"广告的手法,不经意中将城市的文化价值观、审美情趣、风俗习惯等传递到外来"漫游者"的意象之中。例如,机场多种语言的问候语首先就表明该城市是一座国际化城市,随处可见的城市植树计划与土产鲜花阵列表明该市是一座生态城市等。

城市多种人群的行为、服饰、语言等都构成了现代城市文化景观的一个重要方面,都是展现城市居民文化涵养与价值观念的重要窗口。城市多种人群的行为、服饰与语言等将直接影响到外来"漫游者"对城市包容性、文明度、开放度的感知。

1. 景观类雕塑艺术

欧洲受多种艺术文化熏陶,形成了多元的文化景观,同样在巴洛克风格的影响下,文化景观如雕塑、公共设施的造型表现更偏向于一种世俗美学,更贴近民众的情感、感官、喜怒哀乐,它隐藏于宗教激情之下,是一种无以言表的解放,一种欲望上的狂想。城市景观中充满了律动的夸张,人

图 1-46 四河喷泉——恒河

图 1-47　圣特雷莎的狂喜

图 1-48　图拉真纪功柱

体常常也呈现一种纠缠与狂热,这种文化景观的背后蕴藏着深厚的文化价值、人文价值,甚至一定程度上影响着意大利人的精神与灵魂(图1-46、图1-47)。

2. 公共性建筑场所

城市建筑除了常见的住宅、教堂、商用楼房,公共设施性质的建筑也是文化景观中的一部分,它们有的承担着一定的公共空间效用,有的只是为了纪念帝国的伟大,以罗马图拉真纪功柱(图1-48)来说,它标志着昔日罗马不可一世的帝国精神,在罗马巨大的城市当中只有以法律维持秩序,中央集权性的城市规划与大型公共建筑的空间,成为罗马独特的艺术形式,同时为了解决当时古罗马人口众多的问题,罗马的公共浴场(如图1-49),城市广场都为西方大都会城市的形成树立了典型范本。公共性建筑最具代表的建筑当然是罗马竞技场(图1-50),其空间可以同时涌入和疏散5万观众,这并非一件容易的事情,这对建筑本身的设计和建造提出了很高的要求。

图 1-49　罗马公共浴场

图 1-50　罗马竞技场

3. 基础设施

作为城市文化的一部分,公共设施同样彰显着城市魅力,它可以不作为文化景观来参观,而是作为城市基础设施的一部分融入大众的日常生活,例如,巴黎地铁出入口的设计,在巴黎的街道上,优雅矗立的新艺术风格的地铁入口,是 19 世纪末 20 世纪初"美好年代"(Belle Époque)的历史遗物(图 1-51、图 1-52)。这些模仿蜿蜒的植物形态的铁艺创作,如今成为当今这座城市最著名的建筑标志之一。在瑞典的斯德哥尔摩地铁站(图 1-53、图 1-54),为了让旅客忘记他们是在地下旅行,地铁站通常都非常干净,在设计上大都采用现代主义色彩。地铁站由磐石构成,并留下如洞穴状的"天花板"。这里是古代和现代的结合,"洞穴壁画"成了其点睛之作。

图 1-51　巴黎地铁出入口

图 1-52　巴黎地铁出入口

图 1-53　斯德哥尔摩地铁

图 1-54　斯德哥尔摩地铁

（五）文化氛围

文化的重要性不仅在于其能够丰富城市景观的内涵、提升城市居民生活质量以及培养城市居民的审美情趣，其重要性还在于多样化文化的熏陶与浸润能够促进人的思想进步，激发城市创新能力的发挥。人的活动是城市的可变元素，对城市文化、城市形象的形成与发展都起着重要作用。它与其他静态的构成元素不同，人的活动无时无刻不在变化。一切城市的形象改造都或多或少地体现出居民生活的需求，同时，城市文化底蕴氛围的形成，城市形象的成功，又离不开人的活动的反作用，任何不尊重当地居民的设计行为必然面临着失败的境遇。因此，对某一民族、区域生活习惯和风土人情的调研，是打造城市品牌形象的重要基础。城市已有的文化底蕴、社会氛围、生活习惯都影响着生活在这个城市当中的每一个人，相同的城市生活背景往往容易形成相近的生活习惯、审美爱好，如北京老胡同的人普遍爱逛弯、听戏；维也纳的居民定期会去剧院欣赏交响乐（图 1-55）；纽约人定期会去百老汇欣赏歌剧（图 1-56）；巴黎人时常会选择待在博物馆（图 1-57）；英国人有喝下午茶的习惯（图 1-58）。人的文化活动很大程度上影响着城市文化氛围的形成，而城市的文化氛围也深深影响着区域内人的兴趣爱好，甚至是文化生活上的选择。

图 1-55　维也纳歌剧

文化氛围形成的基础性文化要素主要包括城市文化景观、城市文化休闲空间、城市文化基础设施与机构等。城市文化景观的作用在于其传递的城市精神与风貌。城市文化休闲空间则为城市居民、创意阶层、社会精英等提供各种交流互动媒介，例如：餐饮（图1-59）、广场（图1-60）、市场（图1-61）酒吧（图1-62）等。这些场所为非正式交流提供了媒介。而非正式媒介的交流和学习，例如，许多城市出现的"咖啡馆文化"是当前尤为重要的创意生成与交互模式。

图1-56　纽约百老汇

图1-57　巴黎奥赛博物馆

图1-58　仪式感强的英式下午茶文化

图1-59　茶馆

图1-60　画廊

图1-61　咖啡厅

图1-62　酒吧

　　城市文化基础设施与机构,是指博物馆、大型教育机构、艺术长廊等。其中艺术馆、剧院、艺术长廊等,为城市居民共享文化艺术提供了空间。而大学课堂、研究机构等则为知识传承、文化创新等提供了正式媒介。

　　文化氛围形成的基础性服务与支撑要素主要包括硬件和软件两个方面,硬件如城市交通系统、城市市政系统等,这些为城市工作、生活便利性需求提供基本保障。软件方面则主要包括信息系统、金融系统等。信息系统为城市居民、创意阶层和精英、城市政府快速获取信息、实现远程交互提供了平台,并保持与世界范围内文化变动的跟踪同步。健全完善的金融系统则为具有高风险、高附加值的文化创意产业发展提供了资本支持,使得营利性和非营利性创意产品、文化活动得以实验,并取得成功可能。由此形成一种宽松宜人的投资、实验、产品生产环境。

(六)文化场所

文化场所则是实现这一空间的重要媒介。文化场所从促进所有城市居民日常生活中的情感交流出发,构建生活空间,从而利于认同感、归属感与心理安全感的建立。

据舒尔茨(Norberg Schulz)对场所的界定,文化场所包括三个构成要素:静态的实体环境(static physical setting)、活动(activities)和寓意(meanings)。实体环境是场所赖以存在的实体空间,是场所的物质外壳,如建筑景观、建筑质量、建筑造型和周边建成环境等。活动是发生在这一实体环境内的各种人类行为及其对实体环境的影响[18]。

如文化城市的核心所言,其力图建成一种充满人情味的生活空间,而不仅仅是一个居住空间、工作空间。文化场所作为居民日常生活、休闲的集聚空间,它包括实体环境及与之对应的意向空间和虚拟空间。

(七)文化制度与政策

城市一方面是一个复杂的自适应系统。城市中各构成要素通过流动的形式进行相互作用转化,从而调整城市各要素的平衡构成并由此促进城市演进。另一方面,城市在自组织的演进过程中,也受到人为调控与规范作用,这一作

18/ 参见唐艳丽:《城市亚文化空间探索与规划》,中南大学硕士论文库,2011年。

用可以被认为是城市制度与政策对自组织的调控。而在人为调控中,处于主导地位的通常是城市决策层。同时,文化城市各构成要素只有在相应的特定文化制度与政策下,才能得到有效协同。

城市文化制度是国家文化制度的具体反映,是文化城市建设开展的基底,它规定了文化城市的文化政策制定的基本指导方向和文化价值取向。而文化政策则是文化制度的具体实施策略,它直接表现了城市政府组织实施城市文化战略的决心、原则、能力与措施。

事实上,城市文化政策涵盖范围广泛。从文化政策指向对象可以分成两个类别,即人力资源指向和文化活动指向。其中人力资源指向性政策包括对创意人才吸引的政策、对于城市流动人口的政策、对于城市居民的政策、对于不同国籍公民的政策等;而文化活动指向性政策指对各类文化活动的组织、支持与控制。例如:对文化创意产业的龙头企业或产业的资金扶持,对特定文化创意产业的植根性培育,对文化、教育事业发展的投资,对不同产业采取的不同税收优惠,对各种城市营销活动的组织等。

第四节　城市文化的构建

基于文化学的研究成果认为,城市具有浓郁的地域文化特征,是一个地区物质文明和精神文明共同的形象载体[19]。郭国庆、钱明辉与吕江辉(2007)认为,城市品牌是城市的整体风格与特征,是将城市历史传统、城市标志、经济产业、文化累积与生态环境等要素凝聚而成的城市灵魂[20],中国具有悠久的历史文化传统,城市作为文化的重要载体,保存了绚丽丰富的文化遗产。本节将从城市文化的角度出发,对我国城市文化发展、城市文化战略以及几个有代表性的城市的文化构建案例进行研究与探讨。

19/ 参见饶鉴:《从符号学角度看景区品牌与城市品牌的传播意义》,《湖北社会科学》,2013年,第10期。
20/ 参见郭国庆、钱明辉、吕江辉:《打造城市品牌提升城市形象》,《人民日报》,2007年9月。

一、城市的城市文化战略

（一）城市文化战略的发展

由于城市本身所处的地域环境以及经济发展状态的差异,城市文化战略亦将呈现出一定的差异性。而由于城市文化资源的累积性特征,在文化城市的不同发展阶段,需要依据发展需求,调整原有文化战略而形成和采取新的文化战略。总结已有的各种城市文化战略实践,可以将其发展顺序概括为历史文化遗产保护阶段、文化导向的城市更新阶段、文化创意产业的兴盛阶段、文化城市品牌营销阶段以及文化战略整合与升华阶段[20]。

1. 文化遗产的保护阶段

文化遗产不应该是城市发展的绊脚石,当你把他当成是城市发展的负担时,它只能蓬头垢面地待在角落里,而当你把它当成城市发展的不竭动力与文化资源时,它就立刻站起来,光照四方,文化遗产应拥有自己的尊严,应融入经济社会发展中,成为一个城市美丽之处。

由于城市拥有的文化资源(通常包括历史文化遗产)是文化城市发展的基础,因此讨论城市文化战略的发展阶段,不得不将历史文化遗产保护作为其起始阶段。事实上人类社会在很早以前就认识到了历史文化遗产的价值,并且具有收藏和保护的行为,这是对过去的纪念和追寻,以及对逝去时代文化代表物品的珍视和欣赏。

遗产保护最初源于文物,而文物则最初源于古董。古董只是那些被人收藏玩赏的器物、装饰品等。18 世纪中叶,古罗马圆形剧场成为欧洲第一个被立法保护的古建筑,这标志着文物保护的概念基本形成。18 世纪末,历史建筑保护和修复工作得到重视。19 世纪中叶,文物保护工作科学

21/ 参见李中义、张彩玲:《整合历史文化资源建设魅力文化城市——历史文化名城濮阳发展路径的思考》,《濮阳职业技术学院学报》,2013（2）。

化基本完成,随后英、法、美、日等国亦开始文物保护工作。这一时期被称为各国单独行动及注重单体时期。1933 年《雅典宪章》作为第一个得到国际公认的城市规划纲领性文件,明确提出了"有历史价值的古建筑均应该妥善保存"的原则。1964 年,联合国教科文组织在威尼斯通过了《威尼斯宪章》(即《国际古迹保护与修复宪章》),该宪章提出了文物古迹保护的基本概念、原则和方法。《威尼斯宪章》的制定,标志着保护文物建筑在世界范围内达成共识。1972 年 10 月联合国教科文组织在巴黎通过了《保护世界文化和自然遗产公约》,首次将文化遗产与自然遗产的概念结合在一起,摒弃了过去相互对立的局面,并在世界范围内掀起保护世界遗产的热潮。1977 年的《马丘比丘宪章》提出"不仅要考虑再生和更新历史地区的过程中的遗产不被破坏,还应把优秀设计质量的当代建筑物包括在内""不仅要保存和维护好城市的历史遗址和古迹,而且还要继承一般的文化传统"。1987 年,国际古迹遗址理事会在美国首都华盛顿通过了《华盛顿宪章》(即《保护历史城镇与城区宪章》),这标志着城市保护已经与城市规划紧密结合。

在上述这些关于历史文化遗产保护的思想影响下,目前世界范围内城市历史文化遗产的保护已广泛开展。历史文化遗产保护可以说是构建文化城市的基础,也是城市文化战略的最初发展阶段。历史文化遗产保护所坚持的"原真性、整体性、可读性、持续性"原则也成为当前城市文化战略实施所必须予以遵守的原则。在我国历史文化遗产保护普遍受到重视并付诸实践大约是在 20 世纪 80 年代,而西方国家大约在 20 世纪三四十年代。

2. 城市文化的更新阶段

20 世纪 30 年代以来,历史文化遗产保护工作逐步开展,并取得一系列成就。第二次世界大战的爆发,使得欧洲城市建设和历史文化遗产受到严重毁坏。战后重建和经济复苏使得欧洲城市进入快速发展和扩张阶段。70年代的欧洲,城市用地紧张局面开始凸显,城市郊区化和空心化日趋严重,老城复兴成为城市发展普遍关心的问题。同时,后现代主义思想的萌生,整个西方国家发生的"文化转向",使得文化受到空前重视,文化被重现、再定义和认识。

在此历史背景下,文化导向的城市更新成为欧洲许多国家采用的城市发展策略措施,以此解决城市用地紧张、城市中心区衰败、城市中心区失业等问题。这一政策的实施,不仅有效缓解了城市发展与保护之间的矛盾,还在一定程度上增强了城市文化特色和中心区的复苏。部分人口开始向中心区回流,这一发展现象即我们通常讲的绅士化过程。绅士化过程中艺术家构成了绅士化的先锋,这一先锋人群不仅乐于发掘城市旧街区的艺术价值,而且对工人阶层社区社会文化价值充满认同。由此,一个新的生活方式开始出现,即所谓的阁楼生活。

3. 城市文化的营销阶段

20世纪90年代,西方国家的各大城市普遍呈现出经济疲软和空间衰退之势,全球资本的自由流动使得这一局势更为严重。面对这一挑战,城市决策者陷入了两难之地:要么宣布下台,要么寻求新的出路,以复苏经济和挽留资本。在这一情况下,文化带着其特有的社会性和经济性引起决策者的巨大兴趣。文化产品商品化开始蜂起,文化创意产业一时间成为城市决策者寻求出路的新武器,而文化消费主义的盛行和推崇则为其推波助澜。

这样,文化消费的需求、文化艺术的商品化以及城市政府对文化创意产业的支持,将久居阁楼的文化艺术家推向了前台,走上了生产线。随之创意人群开始增多,且作为一个特殊的人群被称为创意阶层。文化创意产业的巨大经济效益及其带动作用,即刻成为全球多个城市争相采用的城市发展战略。

4. 城市文化品牌营销

实际上城市营销在 20 世纪 30 年代的北美城市已经开始,不过在此时期仅仅是将吸引工厂当作最根本目标,被称为"追逐烟囱时代"。80 年代传统发展模式带来的问题以及随之出现的工业衰退,则使得城市从"无差异营销"转向了"有差异营销",但此时期依然还是强调城市土地资源和自然环境。90 年代城市开始寻找对自己而言最具竞争优势的利己市场,而此间亦出现了许多关于城市品牌、城市形象的理论,这些理论相互交织,为城市发展提供了新的思路。

由于 20 世纪 90 年代以来,"后物质主义"价值观在西方国家开始逐步传播,并逐步得到认同,人们开始从关注物质经济转向了关注个人自我价值的实现。而伴随文化创意产业兴盛而崛起的文化创意阶层则正是这一价值观的重要践行者。因此,在全球竞争进一步趋于激烈的状态下,新千年以来欧洲许多城市纷纷采取城市文化品牌营销的发展战略,以期通过主动出击在全球范围内赢取更为广泛的创意人才和资本。例如:伦敦在 2004 年发出了构建世界顶级文化城市的宣言,宣布文化就是伦敦的心跳,制定了构建文化城市的翔实规划。目前我国部分城市亦开始了城市文化品牌营销战略,但基本尚未形成系统化营销策略,多停留在举办会展这一思路上,效果不甚理想。

（1）日本熊本县城市品牌营销战略

在日本,不仅仅是地方拥有各种各样具有代表性的吉祥物,企业、政府部门、机场、电视台、甚至图书馆等,也会使用吉祥物来增加自己的辨识度。软萌、蠢萌、贱萌、呆萌……形容吉祥物总离不开"萌"的意象。它们一举一动的"拟人化",恰恰是日本国民文化心理的反映,除了社会文化因素,政策支持是吉祥物得以由现象发展为产业的重要推动力。20 世纪 90 年代被称为日本"失去的十年",经

KUMAMON

图 1-63　熊本县"网红"——熊本熊

济停滞、甚至进入长久的低迷状态。在这一背景下,日本政府制定"酷日本"国策,向海外推销以动漫为代表的日本文化软实力,以挽回经济颓势,吉祥物作为动漫文化中的一部分,靠"萌"的外表既可以带来旅游等实体经济的增长,又可以带动吉祥物本身周边产业的发展,受到政府的欢迎与支持。

熊本熊(图 1-63)的设计最初只是一个宣传案,为了迎接九州新干线通车,借此增加熊本县的人气,新干线是日本人出行的重要交通工具之一,而九州新干线的终点站是名气在外的美丽小城鹿儿岛,农业县熊本只是个不起眼的中间过站。伴随着熊本熊可爱无厘头形象的大受欢迎,熊本县决定将熊本作为这个城市的"宣传市长"投入日常各项工作,增加它的知名度、曝光度。通过一系列有目的营销活动的策划安排,提升熊本熊的文化影响力,提升熊本县地区知名度,吸引旅游者,促进经济发展。根据日本调研机构 RJC 的"形象代言人排名"显示,2013年熊本熊在形象认知、传播力等综合评分排名中位居榜首,超过麦当劳叔叔和不二家糖果的 Peko。

以熊本县知事(市长)的话来说,"打造一个熊本熊这样的吉祥物,比修路什么的要便宜多了"。熊本熊除了它可爱的外貌,这座城市为他定制的各类营销,才是它深得人心的制胜法宝。下面将列举熊本城市形象营销战略中最有创新性、营销面广的事件。

（1）借势宣传博曝光。熊本县文化战略企划组熊本营销方案仅做了一个行动指示——"徘徊",第一天这只黑熊要做的就是在街上走来走去(图 1-64),它甚至给路过的搞笑综艺节目搭了把手,换得一些出镜率,以及市民免费的广告宣传。

图1-64 熊本县"网红"——熊本熊

(2)免费策略广受欢迎。Hello Kitty 树立的生意规矩是,想要使用它的美照,你就得付出点什么——简单说就是授权金。这个规矩存活了40年,仍然是大多数卡通形象为公司创收的最佳途径。而熊本熊反其道行之,使用它的形象只需批准,不用缴纳任何授权费,这使得一时间熊本熊出现在了各类文创、生活、包装产品中,成为熊本县面向日本,流通全球的宣传法宝。

(3)事件策划赢关注。曾是东京大学教授的现任知事蒲岛郁夫,这时成为熊本熊下一轮推广计划的"合谋者",在熊本熊官网的一系列短片里,他召开了一场紧急记者会,因为"熊本熊失踪了",这个有点无厘头的剧本打造了一个游子迷途的故事,熊本熊被大阪的魅力迷住,途中音信全无,知事召开紧急记者会,希望目击者通过 Twitter 提供信息,看似是无意义的卡通宣传,却制造了足以被谈论的话题。全城上下都在留意有没有一头熊出现,终于在全城大搜寻中(图1-65)找到了这只熊。它出现在了社交品牌上,不仅仅成为日本人的关注,Twitter 也将熊本效应推向了世界公众面前。

图1-65 失踪的熊本熊出没在图书馆

　　如今,这只来自熊本县的"萌熊"已经成为一个城市文化、城市形象设计、包装、营销研究个案。有媒体表示,熊本熊每一次的城市品牌营销事件都带来了巨大的城市宣传效益,单次事件营销便可达到6亿日元(约合3360万元人民币)的广告营销成果。

　　(2)维也纳的城市品牌营销

　　城市作为一种商品,需要根据自身的特点进行有效的经营。国外的城市有许多成功的营销经验,有的利用地域性,如威尼斯;有的利用社会性,如"黄袍佛国"泰国;有的利用经济性,如法国首都巴黎。而维也纳则是很好地利用了自身的文化性,从而打造出独具特色的城市文化品牌。

　　社会的发展也见证了维也纳文化战略带来的巨大成果。虽然维也纳占地面积只有415平方千米,大约只有广州的1/19那么大,但发展到今天它已经成为举世闻名的音乐之都。人们通过音乐认识维也纳,也了解到维也纳历史、经济、文化、绿化环境、人文景观、外交等各方面的情况,提升了城市品牌地位,获得了更高的知名度和美誉度,吸引世界各地的人们旅游观光与进行各种学术交流。

　　①音乐文化底蕴。维也纳这座城市始终与音乐息息相关。许多音乐大师,如海顿、莫扎特、贝多芬、舒伯特、约

翰·施特劳斯父子、格留克和勃拉姆斯都曾在此度过多年音乐生涯。海顿的《皇帝四重奏》、莫扎特的《费加罗的婚礼》、贝多芬的《命运交响曲》《田园交响曲》《月光奏鸣曲》《英雄交响曲》、舒伯特的《天鹅之歌》《冬之旅》、约翰·施特劳斯的《蓝色多瑙河》《维也纳森林的故事》等著名乐曲均诞生于此。许多公园和广场上矗立着他们的雕像，不少街道、礼堂、会议大厅都以这些音乐家的名字命名。音乐家的故居和墓地常年为人们参观和凭吊。如市中心的城市公园里有被誉为"圆舞曲之王"的小约翰斯特劳斯的青铜像，他的《蓝色多瑙河》《维也纳森林的故事》等优美旋律常回荡在人们心中。

维也纳拥有世界上最豪华的国家歌剧院、闻名遐迩的音乐大厅和世界一流水平的交响乐团。维也纳国家歌剧院是世界一流的大型歌剧院，是"音乐之都"维也纳的主要象征，素有"世界歌剧中心"之称。整个舞台区完全现代化，配有最先进的音响设备。歌剧院为罗马式宏伟建筑，前厅和侧厅都用大理石砌成，内部绘有精美壁画并悬挂著名音乐家和演员的照片。观众席共有 6 层，可容纳观众 1600多人。

维也纳的音乐文化已经深深地烙在世界人民的心中，这种文化使城市崛起，带动维也纳全方位的建设。

维也纳是世界上最早重视绿化，并采取绿化措施的城市之一。从"圆舞曲之王"斯特劳斯的名曲《维也纳森林的故事》可见一斑。动人的旋律描绘出维也纳森林的美丽景色，让人产生无限遐想。

维也纳是个山水城市、花园城市，多瑙河横穿市区，森林与城市相互拥抱，市内众多的绿化小区，特别是那些分布在市郊的森林，在改善和提高市民的生活质量方面发挥出重要作用。成片的森林和草地，构成了城市绿色的主旋律，维也纳市绿化面积为 200 平方千米，其中 75 平方千米是森林和草地。维也纳市的森林覆盖率为 18%，位居欧洲各城市绿地面积之首。

维也纳城市绿化总体布局是：在市区有国家级管理的自然公园和市级管理的自然公园，有行道树、街头绿地、中心广场、居民小区绿地等。郊区有历史公园、花园和自然保护区。在郊外规划了一个 600 米宽的林带网区域，借以形成大面积的环城天然林带，使市区和郊外绿化有机协调，使城市环境优美、空气清新，城市居民时时感到生活在绿色的自然怀抱中。

为了更好地宣传绿化意识，维也纳也重视对绿化宣言的教育。他们从小抓起，让小孩和年轻人对森林逐步了解，认识绿色的重要性，从而强化他们的环保意识，1998 年维也纳市政府开办了森林学校，让孩子们能够通过各种途径获取专业、系统的环保知识，对他们进行森林、绿化和生物知识的科普教育，使他们从小热爱自然。

维也纳风格各异的建筑赢得了"建筑博览会"的称号。这里最典型的建筑风格就是巴洛克建筑。它的建筑特点是外形自由，追求动态，喜好富丽的装饰、雕刻和强烈的色彩，常用穿插的曲面和椭圆形空间。如维也纳的舒伯鲁恩宫，外表是严肃的古典主义建筑形式，内部大厅则具有意大利巴洛克风格，大厅所有的柱子都雕刻成人像，柱顶和拱顶布满浮雕装饰，是巴洛克风格和古典主义风格相结合的产物。

另外，除纽约和日内瓦，维也纳成为第三个联合国城市。1979 年建成的奥地利国际中心又称"联合国城"，气势雄伟，是许多联合国机构的集中地。

②维也纳新年音乐会。维也纳的金色大厅是每年举行"维也纳新年音乐会"的法定场所。维也纳新年音乐会是世界音乐生活的一件音乐盛事，于每年的 1 月 1 日在维也纳金色大厅举行，由维也纳爱乐乐团演奏。这个音乐会最初的宗旨是展示和推广斯特劳斯家族的音乐作品。

维也纳新年音乐会从 20 世纪 40 年代开始于每年元

旦上演。1959年第一次通过电视向世界转播,不久便成欧洲文化的盛事。电视转播中,维也纳歌剧院芭蕾舞团还为新年音乐会配上了古典的维也纳舞蹈,这一传统一直保留至今,该芭蕾舞团以豪华、典雅、高贵闻名全球。走进国家歌剧院的金色大厅,你就走进了人类最高的音乐圣殿。在这里你可以感受到《蓝色多瑙河》的宁静与激昂;体会到《维也纳森林的故事》的静谧与淳朴,享受天籁之音的同时又不得不慨叹维也纳新年音乐会成为世界音乐的象征。

维也纳新年音乐会发展到今天已经走过了一个世纪,我们依然沐浴在这座音乐之城所散发的音乐氛围中。维也纳原来举办新年音乐会只是为了演绎斯特劳斯的音乐作品,但随着音乐名城影响力的不断扩大以及城市对外树立形象的需求,维也纳政府决定把维也纳新年音乐会打造成为维也纳音乐文化的象征,让世界能够通过新年音乐会了解维也纳,让音乐成为沟通维也纳与世界的桥梁。

维也纳举行新年音乐会的金色大厅成为世界音乐人所向往的地方,他们认为一生能有机会在金色大厅演出,是自己音乐生涯中的一大幸事。宋祖英放歌金色大厅、穆蒂指挥新年音乐会、日本指挥家小泽征尔演绎斯特劳斯作品,来自世界各地的音乐家来到维也纳实现他们的音乐梦想。通过音乐的交流延伸到其他方面,让维也纳走向世界的同时,也让世界走向维也纳。

(3)伦敦城市品牌营销

塑造品牌时,一座城市的"整体形象能够发挥非常重要的作用",每个城市都有机会按照某种方式突出自己的知名度:费城永远是代表兄弟之爱的城市,纽约是世界金融之都,而提到拉斯维加斯,人们总会想到那句著名的俗语"过去的,就让它过去吧",这样的城市品牌,可谓是一笔巨大的无形资产。对于伦敦或其他国际大都市而言,都是要确定自己的文化精髓,然后利用形象和文字将这个信息传达到人们的头脑中和心目中。

①名人效应营销城市目的地。伦敦作为国际型大都市，一直为城市品牌营销案例贡献着惊喜和经典。奥运期间英国伦敦利用余温，大打名人牌，推出系列城市营销宣传片《伦敦故事》，启动新一轮营销系列活动（图1-66）。

图1-66　名人来过的伦敦

让名人和自豪的伦敦市民讲述住在英国首都的幸福感，以及他们如何度过自己的闲暇时光。无论是名厨回味皇家艾伯特桥，还是演员乔安娜·林莉讲述最爱的池塘，伦敦市长鲍里斯·约翰逊在他最爱的酒吧享用香肠和土豆泥，这一切都包含在《伦敦故事》当中，展现出英国首都崭新又兼具人文情怀的一面。

②借势营销推广城市。作为城市品牌推广活动，"伦敦在北京"力图借助北京奥运会期间向世界展示伦敦崭新的城市形象。伦敦发展署及其合作机构为"伦敦在北京"活动投入了360万英镑设立活动场所，他们在北京传统的四合院内设立了"伦敦之家"，为希望进军伦敦市场的中国企业精心组织了一系列论坛，并推出了各种展览、晚宴以及其他沟通交流机会，以吸引目标受众。

英国首相、伦敦市长、伦敦奥组委主席等纷纷现身"伦敦之家"助阵，伦敦之家就像是"一个没有围墙的聚会场所"，允许人们随时造访。比如，在"伦敦之家"，你有可能见到伦敦市长、英国首相、奥组委主席，也有可能遇见成龙、贝克汉姆，或者哈尼克区（Hackney）区长。"伦敦之家"被许多人称赞为一流的奥运展示场所，"伦敦之家"提供了形式多样的城市文化体验。"伦敦在北京"推广活动的回报将在未来几年甚至未来数十年得到具体体现，收益将很难用数字表示。

（4）七座中国城市走上伦敦街头"营销战"

前有伦敦在北京奥运会期间借势来京宣传英国文化，后有中国城市争相走上伦敦街头，宣传自己城市文化魅力。在城市营销专家眼中，伦敦奥运会是得天独厚的对外宣传大舞台，至少有七座中国城市已加入伦敦街头的城市形象"营销战"。

108 个"熊猫人"从临时工作站走到伦敦特拉法加广场花费不到 5 分钟时间，但成都市政府却为此准备了近 1年（图 1-67）。

图 1-67 成都大熊猫"攻占"伦敦

2012 年 7 月 4 日，一场视觉秀"熊猫太极"在英国伦敦市中心的广场上举行。这些从伦敦招募的异国大学生、演员穿着毛茸茸的外套，伴着震耳的锣鼓声舞动着身体。

他们动作笨拙,变换的方阵也不成方圆。但这不影响人们驻足观望,路人嘴巴张成"O"形,掏出手机,拍下这群填满了广场的"不速之客"。所有物件都是中国红,连工作站的桌布、气球的丝带、工作人员的工作牌都是红色。对讲机另一端是十几个工作人员,统一穿着绿色T恤(绿色代表"保护动物"),T恤上的字样"CHENGDU"则告诉英国人:熊猫的故乡在成都。这场"毛茸茸的行为艺术"几乎抢占了英国及周边国家主流媒体的所有版面,甚至美国、日本、新加坡的媒体也都作了报道。"108只熊猫'入侵'啦!"英国《每日邮报》这样写道。成都市政府后来监测发现,全球有120多家媒体对此进行了报道。

没有一名成都政府官员走到摄像机的镜头前,但几乎所有媒体都报道了"成都"。与其说"熊猫入侵",不如说是在全球瞩目的奥运会前夕,成都成功"攻占"了举办地伦敦。这是一场谋划已久的城市营销,一场由成都市城市形象提升协调小组策划,成都大熊猫繁育研究基地举办的公益活动:"成都'熊抱'伦敦奥运"。尽管项目负责人一再强调活动的主旨是"保护熊猫",但"成都"的名字已不难被欧洲人记住,而他们都是到成都旅游、投资的潜在区域人群。

与"熊猫出租车"同台竞技的是杭州,杭州在9个主要的游客来源国投放约60辆广告公交车,而伦敦出租车上则印着西湖山水和一位端着茶杯的姑娘。出租车穿梭在伦敦的大街小巷,"Unseen Beauty Hangzhou China"彰显着中国杭州,无与伦比的美丽(如图1-68所示)。

5. 利用动漫发展特色小镇

(1)动漫原画的可寻性

20世纪90年代初日本经济泡沫破灭之后,日本开始认识到近代化及经济发展模式的局限性,于是,日本开始对乡土文化进行重新评价,并开始重新认识乡土文化本色和

图1-68　杭州把茶道和姑娘秀上了伦敦街头的出租车

根基所在的地域性。在此背景和潮流之下,人们开始关注以日本国内某个地方为背景的作品,这些作品的外景地或者与作品、作者相关的地方成为旅游目的而倍受关注。

　　动漫作品通过作者、故事场景以及人物特点,与地域相结合的方法策略,真实地描绘了本地的历史、风土和人情。这些以新手法表现乡土历史以及人们生活的作品成为宝贵的日本记忆和文化遗产,以动漫作为地方旅游资源的可能性也因此被充分挖掘出来。

　　因为动漫作品的影响力,吸引许多人去那里旅游,使当地发展成为一个城镇。这种动漫景区打卡叫做"圣地巡礼"。其爱好者根据自己喜欢的作品,造访故事背景区域(图1-69、图1-70),该场所则被称为圣地。这个名词是从朝圣而来的,原先是指宗教上寻觅灵性意义的过程。

　　(2)让动漫成为生活一部分

　　只有在日本,才真正实现了动漫中的生活和生活中的

图 1-69 乡土地域与动漫作品的完美融合

图 1-70 乡土地域与动漫作品的完美融合

动漫。动漫在日本可以说是全民的爱好，动漫所拥有的如此广泛的受众群是日本动漫旅游产业成长迅速、发展顺利的基础。在日本，地铁里、广场上、街道上、社区里随处可见动漫的踪影，一个个动漫雕塑、喷绘和涂鸦都成为令人们驻足观赏的景观。

动漫已经完全渗入日本人的日常生活中，几乎所有的当代日本人都受到了动漫影响，从青少年到中老年都热爱和支持动漫，形成了一种跨性别、跨年代和跨社会阶层的全民参与、无与伦比的动漫文化氛围。

通过在乡土文化的地域性与动漫作品的现代性之间形成的奇特张力，日本实现了动漫文化与旅游资源的良性互动，走上了高效、生态和可持续的城镇化发展之路。以地方风景为背景，插入地方的文化习俗的影像作品，除了让影像作品更具真实性，也丰富了其作品的文化内涵。这类影像作品不同于直白的旅游宣传片，而是以潜移默化的方式，介绍当地的文化。

（3）资源整合深度综合开发

遍布日本的数十个动漫博物馆（图1-71）、展览馆大多由企业、行业协会设立，几乎每一个日本卡通形象都有自己的故乡、档案馆和展映馆,它们在保证专业性的同时强调让游客亲身体验动漫的制作过程,增加亲近感,激发创作和欣赏的兴趣,因而具有很强的吸引力。与此同时,动漫人物和形象被应用到景区建设、游乐设施设计、漫画主题乐园(图 1-72)以及配套动漫餐厅、咖啡厅、动漫主题表演等,增添了乐趣和文化氛围。

图 1-71 三鹰之森吉卜力美术馆

图 1-72 东京三丽鸥彩虹乐园

6. 城市文化战略升华

城市文化战略整合是指在充分分析城市的地域文化特征以及城市现有文化资源的基础上,提炼城市文化主题,分析各种文化战略的内在关联,依据城市文化资源,以城市文化主题为统领将各种文化战略进行有机整合,形成相互促进的文化战略系统。在此基础上形成完整的城市文化品牌序列,进行全球范围的城市营销。

升华是指将城市文化战略系统与其他战略系统,如经济发展战略系统、环境保护战略系统等进行进一步整合,形成多个系统相互关联促进的全方位城市发展战略系统,从而实现城市的全方位可持续发展,并使得所有发展成果最终能更好地服务于人。目前这一发展阶段尚未出现,但应该是未来城市文化战略的最终归宿。

二、城市文化战略措施

(一)构建城市文化主题

城市文化主题即根据城市所处的地域文化环境和城市自身的文化资源特征,提炼出来的最能代表城市文化特质,可用于统领各项城市文化战略的核心文化要素。这一概念的提出源于两点思考:其一是当前城市建设大多争相仿效西方国家的现代城市文化审美,认为高楼大厦、后现代的分解与支离是城市先锋前卫的表征。这一风气严重削弱了城市的文化特征,造成城市建设千城一面的现状。而城市文化主题即是解构文化纷繁复杂的层次构成,用某一城市核心文化要素指导城市发展和建设,从而在世界范围内的众多城市中脱颖而出。其二是当前我国城市虽然普遍采取了城市文化战略,但各种文化战略依然存在缺乏内生文化基础和缺乏统筹安排的问题,城市文化战略呈现离散特征。这一状况为建构城市文化主题提供了内在必需。

纵观世界范围内具有重要文化内涵与高度影响力的城市发展轨迹,无不是以某一独具特色的城市文化主题指导、组织城市各项发展战略的制定与实施,例如多维综合型文化城市巴黎。巴黎虽然具有多种多样的文化特征,且具有丰富的文化资源,但巴黎给全世界的文化印象就是时尚。

巴黎在 20 世纪初便是世界时尚中心,到如今已经有 100 多年的历史。巴黎始终将时尚作为其城市发展的组织核心,由此催生了时装、会展、旅游等一系列文化经济活动领域,世界顶级时装大师、时装品牌、化妆品云集巴黎,时装展、时装周等活动渗透到巴黎的每一个角落。正因如此,巴黎还造就了其浪漫、典雅的文化气质。

　　而那些缺乏城市文化主题的城市则很难在世界范围内赢得高度关注以及集聚人才,这是因为没有文化主题,文化城市建设将丧失基本指导中心,城市建设处于一种内耗状态,大大降低城市发展效率。城市即使有特色产业或者是特色资源,如果没有上升到城市文化主题的高度,也将出现发展缓慢、影响力有限,甚至是衰败等问题。一些老牌的工业城市的衰败很大程度上印证了这一事实,例如英国的伯明翰、德国的鲁尔以及我国东北一些老工业基地,都曾一度衰落,其原因在于没有将其拥有的特色优势提炼上升为城市文化主题,并以此为指导实施新的发展战略以适应时代需要,而是停留在一般平庸的发展思路之上。近十几年来,欧洲诸多工业重镇通过工业文化及其价值的重新发掘、认知、利用,为城市的新发展提供了切入点。例如:德国鲁尔,通过产业升级和对工业生产技术的置换与革新,使城市经济持续增长,并继续保持其作为德国工业中心城市的地位。而在城市改造建设上,则坚持了工业文化的主题,对诸多工业文化遗存进行了改造与利用,使得鲁尔不仅成为音乐、绘画等艺术形式的发展乐园,更使城市留下了诸多工业文化符号,昭示着鲁尔曾经的工业辉煌和其独有的工业发展理念。而这一切策略实施的综合结果是使鲁尔成为工业文化旅游的典范,影响力波及世界。世界各大城市的文化主题表 1-2。

表 1-2　世界部分知名城市的城市文化主题

城市名称	文化主题
威尼斯	水城文化
鹿特丹	海港文化
夏威夷	民俗文化
罗马	建筑艺术
维也纳	世界音乐
佛罗伦萨	世界绘画、雕塑
巴黎	世界时装
拉斯维加斯	博彩
里约热内卢	狂欢
沃尔夫斯堡	汽车
日内瓦	高端会议
苏黎世	金融
达沃斯	世界论坛
汉诺威	会展
爱丁堡	文学与艺术
摩纳哥	赛车、博彩、邮票
硅谷	软件
慕尼黑	啤酒
伯尔尼	钟表

　　那么,如何确定城市文化主题? 一般来说,城市文化主题的确定,需要遵循两个基本原则,一个原则是尊重城市所处的地域文化环境。城市首先存在于区域之中,区域决定了城市的发展战略选择,这一特征在全球化语境下尤为明显。正如洛杉矶学派所言:芝加哥学派关于城市发展的理论已经有些过时,以城市为中心的思路已经不适应时代的需要。当前,是城市所处的区域环境决定了城市应该保

留什么,废弃什么,而不是城市规范了区域。除此以外,城市所处的地域文化环境则对城市文化特质作了基本规范,例如《史记·货殖列传》记载"临菑亦海岱之间一都会也。其俗宽缓阔达,而足智,好议论,地重,难动摇,怯于众斗,勇于持刺,故多劫人者,大国之风也。沂、泗水以北,宜五谷桑麻六畜,地小人众,数被水旱之害,民好畜藏,故秦、夏、梁、鲁好农而重民。三河、宛、陈亦然,加以商贾。齐、赵设智巧,仰机利。燕、代田畜而事蚕",由此将全国划分成八大经济区,各自所对应的文化特质也更为清晰。

另一原则即是能够代表城市文化资源特质和城市居民价值观。虽然不同的地域环境规范了城市的基本文化特征,但由于城市本身发展历史的不同和区位差异,每一个城市都将表现出与其他城市相异的文化特征。城市文化资源特质的发掘,主要考虑三个维度:其一是城市发展的历史过程及其所拥有的历史文化遗存,这规范了其基本特征范围。例如,基于这一考虑框架,上海的文化特质将与南京迥异,这是因为两者发展历程差异巨大。第二个维度即从城市发展历程的诸多历史阶段中提炼最具影响力的历史断面,这一断面的确立规范了城市文化主题的切入点,例如南京的民国文化、上海的海派文化等。第三个维度即是该历史断面与现有城市发展状态的联系点的发掘,这规范了城市文化主题的现实意义。由于城市居民的自身价值观的形成均基于一定的城市物质环境和社会环境,具有一定程度的继承性和延续性,因此在上述三个维度的考虑框架下所提炼的文化资源特质与城市居民价值观具有内在统一性。但是,与城市文化资源特质不同的是,城市居民价值观具有明显的现实性,即其与当前区域、国家,甚至是全球具有巨大关联,未来指向性明显。为此居民价值观的提炼并不能从已有的历史发展中推论出其全貌,而必须通过科学的社会调查研究,才能获得准确详情。

在城市文化战略的总体框架中,城市文化主题是其他一切文化战略制定的统领,因此其必须具有充分的准确性。另外,城市文化主题关系到其他文化战略的实施,而文化战略的实施必须依靠城市居民的密切配合与广泛参与才能获得成功,因此城市文化主题必须与城市居民价值观念产生共鸣方可发挥效用。

基于上述考虑,城市文化主题必然具有两个重要特征,其一是在某一确定的城市发展阶段中,城市文化主题将处于稳定状态,但其内涵处于分化裂变的状态,即在某一特定时期,城市文化主题是一个动态平衡的核心价值系统,在此核心之下,将裂变衍生诸多亚城市文化主题。其二是在不同的城市发展阶段,城市文化主题则通过自身的演进发展,以应对城市转型的需要。

(二)提炼城市精神口号

城市精神表述语是城市形象的一张名片,一份精当而优美的城市精神表述语,能够起到画龙点睛的作用,使城市精神的内涵和底蕴跃然而出,令人过目不忘,更好地感受其内在的精神力量,对城市产生很好的宣传效果。目前,主要有两种表述方式:一种是非对称式,选择三个或五个关键词,组合在一起,非对称结构,形成地方精神,如广东的"厚于德、诚于信、敏于行",天津的"爱国诚信、务实创新、开放包容",内蒙古"活力、人文、和谐",山东的"改革创新、开放包容、忠诚守信、务实拼搏、敢为人先"等。非对称结构还有一种更为自由的表述方式,如温州的"恋乡不守土、敢冒知进退、自信不自满、重利不守财",南宁"能帮就帮敢做善成",都属于自由式表达。第二种是对称式,对称式结构比较常见,这种结构又可分为八字对称式、十二字对称式、十六字对称式三种。八字对称式有四字两组的,如长沙"心忧天下、敢为人先",重庆"登高涉远、负重向前",也有两字四组的,如青岛"诚信、博大、和谐、卓越"[22]。

这种城市精神文明口号往往遍布城市各大公益广告

栏,主要是加深城市居民与城市外来人口对城市的了解,久
而久之产生城市文化精神内涵上的认同感。各地的地方精
神提炼过程大同小异,一般都经历过广泛发动、群众参与、
专家研讨等过程。同时,随着时代精神的不断变化,新的时
代元素不断涌现,地方精神的特点和内涵需要不断地丰富
和深化,人们也需要不断从新的地方精神中获得思想能量。
为了避免产生视觉疲劳和审美疲劳,对地方精神的适时修
改也是必需的。同时,在地方精神提炼过程中要避免缺乏
特色与高度雷同,很多地方精神就是几个使用频率较高的
词拼凑在一起,完全没有体现应有的地域属性,这些地方精
神似乎放在哪个地方都可以,这种城市精神口号对城市文
化的传播是完全没有任何作用的。

(三)培育文化创意产业

1. 强 IP 主题乐园

数据显示,2016 年全球前十主题公园游客共计 4.37
亿人次,平均增幅为 3.9%。其中,入围前十的 3 家中国
主题公园整体游客增长率远高于其他国家,其中华强方
特 2016 年接待游客同比增长 37%,华侨城与长隆集团
分别增长 11.9% 和 16%。此外,有机构预计,未来几年,
中国主题公园人次总量将继续保持两位数增长,并有望到
2020 年客流人次超过美国。

主题公园跑步发展,与此同时,IP 时代已经来临。IP
已经成为时代的流行语和重要话题,主题乐园也已经悄然
进入 IP 娱乐时代。IP 娱乐时代该怎么样打造主题乐园,
成为主题乐园从业者特别关心的一个问题。从主题乐园业
态看,迪斯尼、环球影城进入中国,标志中国主题乐园的 IP
时代已经到来。中国主题乐园发展有几个时代:首先是器
械娱乐时代,它是以游乐场为表现形式,八十年代初期到
八十年代末期,处于游乐场时期,它的内容是感官刺激,参

22/ 参见敖带芽:《关于各
地"地方精神"表述形式
的探讨》,《攀登》(汉文版),
2014 年,第 3 期。

与方式是被动接受；到了九十年代中期，随着欢乐谷在中国的建成，以及全国类似的以器械娱乐为内容，加上主题包装的主题乐园在全国到处铺开，中国进入了主题娱乐时代。

文化创意产业是城市文化资源与创意人群相结合的产物，具有巨大的经济效益，在迪士尼动画成功之后，迪士尼决定将梦幻的动画世界搬进现实，建一个符合观众追求的、虚幻而又真实的卡通世界（图 1-73）。1955 年 7 月 17 日，根据迪士尼动画创意设计，世界上第一个现代主题乐园在洛杉矶阿纳海姆市落成，第一周就接待超过 17 万游客。在开放的前 6 个月中，有 300 万人慕名而来，可见迪士尼乐园的巨大影响力。

图 1-73　迪士尼主题乐园

迪士尼乐园的主题化创意特色是其成功的关键。主题化指的是赋予某一事物一种象征性的意义，或超现实的意义，作为对这种事物本来意义的补充，通过主题化的创意后，这些事物将显得更加醒目、诱人和有趣。迪士尼乐园的主题化首先是把游乐园冠以"迪士尼"的主题，而迪士尼则通过其成功的动画电影被赋予了充满梦幻和快乐的内涵。被赋予鲜明的个性和丰富文化内涵的游玩项目，使游客从一般的生理刺激体验上升到对迪士尼文化的情感共鸣；主题公园中售卖的专利纪念品、衍生品都进行了主题化,通过增加商品的附加值来获得更多的利润;迪士尼度假区的各种酒店、度假村、俱乐部、餐厅、购物城也都有自己的主题,例如上海迪士尼度假区的"玩具总动员"主题酒店,以此具备了区别于其他酒店的独特个性,同时也将潜在的客源吸引到了迪士尼乐园周边。

迪士尼乐园的成功提供了一种将已有文化资源引入主题公园进行再创意的模式。早在迪士尼乐园出现以前,迪士尼动画就已经在动画市场取得了成功,成为一种具有广泛和深远的影响力的文化资源,将这种文化借鉴到主题公园的创意中,并结合主题公园体验式、参与式、互动式消费的特点进行再次创意,不仅形成了独具特色的主题公园文化,同时为迪士尼文化注入了新鲜血液[23]。

另一个文化创意主题产业便是哈利·波特主题乐园,1997年《哈利·波特》作为一本普通的文学作品问世,随后由于读者群的追捧而在世界范围内迅速走红,到目前为止,该系列书已达7部,销量达了2亿多本,还不包括盗版。事件到此并没有结束,文学作品与电影、游戏的创意结合,使得该文学作品的经济效益如原子裂变,瞬间剧增,各种哈利·波特用品、游戏等迅速扩展,仅首集电影放映在全球就取得了5亿多美元的票房。《哈利·波特》系列产品风靡全球(图1-74、图1-75)而与之相关的电子游戏软件销量也达到数百万套。正是文化创意产业所带来的巨大经济效应赢得了城市决策者的关注,决定建造哈利·波特主题乐园。

23/ 参见戴宇菲:《迪士尼主题乐园的创意机制》,《今传媒》,2016年,第8期。

图 1-74　哈利波特系列电影

图 1-75　哈利波特主题公园

　　毫不夸张地说,主题乐园品牌的未来只有 IP 化生存一种途径。主题乐园品牌 IP 化的核心是将游客进行粉丝化运营,有粉丝的主题乐园品牌将使其游客非常享受粉丝心理带来的归属感和主群感。有了粉丝,品牌将逐渐减少对渠道的依赖,甚至对渠道产生话语权,苹果公司就是一个成功案例。目前,许多主题乐园产品受制于渠道,其原因在于还没有实现品牌 IP 化。另外无线互联网的发展已经把传统渠道打散,品牌没有 IP 化,品牌没有粉丝,品牌将丧失对渠道的影响力,从而从根本上动摇主题乐园的市场基础。

　　对城市决策者来说,文化创意产业灵活的生产空间需求也是其获得大力支持的基本条件之一。这是因为文化创意产业重在创意,且不需要传统标准厂房和大面积的空间,这和城市历史文化遗产保护取得了较好的协调,并有助于城市衰败空间的更新演进与空间品质的提升。这一特征,则正好契合了文化城市实现文化保护、继承和超越的需要。

当前,我国许多城市都实施了文化创意产业的发展战略。而文化创意产业的最典型组织模式即产业集群模式。提倡文化创意产业的集群发展模式的必要性主要呈现于三个方面。首先,文化创意产业是包含多个产业集合,他们相互之间存在线性与非线性关联,即使是在同一文化创意产业门类内其亦具有多个生产环节。而在具体的城市发展实践中,城市也难以仅仅依靠某一种创意产业的发展以支撑城市经济的持续增长。因此,将多种创意产业门类之间以及某一门类的内部环节进行优化组合与管理,成为关键,而集群模式为其提供了一个答案。

其次,产业集群模式除了利于提升集聚经济和规模经济水平外,最重要的还在于利于知识溢出效应和地方创意经济效应的形成,从而实现整体创造力的提升。

文化创意产业的发展与多个部门、机构关联密切,特别是金融机构的支持,这是因为文化创意产业具有较大的风险性和较高的附加值。高风险高收益产业则需要有擅于风险投资的金融系统给予支撑,以利发展。因此,集群发展模式需要金融系统、技术和工业研发系统、生产系统、市场中介系统等的综合配套,这意味着培育文化创意产业集群,不仅需要人才的引进和培训,还需要金融与中介服务系统的完善,更需要文化产品市场的拓展。从另一个角度来看,这表明文化创意产业集群的发展将带动诸多关联产业的发展,从而利于城市总体经济发展水平的提升。

2. 文化创意产业园

目前,我国文化创意产业集群的空间组织模式主要采用了传统意义上的产业园区发展模式。例如北京798艺术区、南京的1865文化产业区、深圳大芬油画村等。然而,从我国诸多文化创意产业园发展的具体内容和形式来看，其多处于初级发展阶段，新技术和文化艺术的结合还处于欠发展状态，完整的文化创意产业集群特征尚未全面形成。例如：南京在发展文化创意产业中最为明显的问题是：虽然南京已经着力发展技术与文化相结合的动漫产业，但此类人才尚显不足。而设置的过多文化创意产业园区又使得园区间的相互协同较差，集聚效益难以充分发挥。此外，该领域的既懂技术又懂管理和运作的人才则更是极其缺乏，完整的集聚经济框架难以形成，发展效率欠佳。

虽然文化创意产业园的空间组织模式在一定程度上可以发挥传统意义上的集聚经济等内在效益，但考虑到文化城市这一发展总体框架，并考虑到文化创意产业自身的特殊性，这一空间模式并不能充分发挥文化创意产业的发展需要，这是因为创意产业与传统产业具有四点显著不同：其一是文化创意产业更趋向于弹性的工作空间组织模式，也即并非所有的创意产业活动都必须集中在园区内完成。其二是工作时间表的灵活性，即诸多原创性工作是否取得有效成果，与工作时间长短、时段并没有太多必然关联，而是与灵感、突发性创造紧密关联。其三是在文化创意产业中，创意工作者的非正式交流以及由此形成的咖啡馆文化作用十分关键。由此，拥有成熟的文化基础设施地区更利于文化创意产业的发展。其四是创意产品生产的组织模式的灵活性，即具有面向项目的临时组合性特征，也即为了完成某一文化创意产品的生产，可以临时组建一个团队，当产品完成交付后，该工作团队则可以迅速解散。这一模式在好莱坞电影生产中尤为明显。

由于这些特征的存在，新的空间组织形式有待探索和实践。基于这一思索，将产品成品的规模生产与产品原始设计、产品市场开拓等生产环节进行分解，进行分散化布置成为重要选择。一般来说，原始创意设计应优先布局于城市中心区或城市文化服务设施相对完善的地区；而市场开拓与金融中介等则宜分布于金融业集中、市场信息灵敏之地;规模生产则多倾向于将其分布在郊区产业园区。这样,文化创意产业的空间组织将利于控制城市土地利用规模的非集约化利用,利于城市文化遗产保护与衰败空间复兴,同时也将利于文化消费规模的扩大与文化消费空间的多样性生产。

(四)投资文化基础设施

建设文化基础设施通常产生于两种需求,其一是为了应对城市经济衰退,其二是丰富和完善城市文化基础设施系统。为我们所熟知的大部分文化基础设施建设都属于前者,而后者则通常由于服务于城市居民本身,经济与盈利目的并不明显,因此并不为人所熟知。

在构建文化城市的初级阶段,构建大型文化基础设施往往成为城市文化战略的重要组成部分。这一方面可以增加固定资产投资,刺激经济增长,另一方面还将产生巨大的国际影响,促进国际旅游增长[24]。典型的案例即西班牙毕尔巴鄂的古根海姆博物馆的建设。

毕尔巴鄂位于西班牙北部,始建于 1300 年,在西班牙成为海上霸主时期凭借优越的港口条件成为西班牙北部重要海港城市。但是好景不长,到 17 世纪已开始衰落。19世纪铁矿石出口运输的大规模需求,使其又获振兴,但 20世纪中叶的产业转型使城市发展举步维艰,1983 年毕尔巴鄂遭遇洪水,城市陷入泥沼。为了城市复兴,城市当局决心发展旅游业,但由于并没有良好的旅游资源而举步维艰。通过多方咨询,城市当局决定新建具有创造力与艺术感染力的博物馆以吸引欧洲众多艺术爱好者的入境旅游,从而带动城市经济发展。与此同时,远在美国的古根海姆基会早有向欧洲扩展的动机,但一直未取得进入欧洲的机会。毕尔巴鄂意欲建设博物馆的需求与古根海姆基金会入主欧

24/ 参见周晓苹、张春云、段政:《重庆城市文化空间品质提升策略》,《城市地理》,2012 年。

洲的意图一拍即合。

为了缔造该建筑的国际影响力,毕尔巴鄂城市布局邀请了世界著名建筑设计师弗兰克·盖瑞亲自设计。该设计在世界范围内产生了巨大反响,盛誉甚至超过其纽约总部。该博物馆(图 1-76)不仅改变了毕尔巴鄂的原有形象,使其一时间闻名全球,还极大拉动了城市经济,促进了国际入境旅游,并增加了大量就业岗位。据统计,2006 年其为西班牙的巴斯克地区增加经济收益超过 21100 万欧元,增加财政收入 2900 万欧元,提供了 4232 个就业岗位。

毕尔巴鄂的成功刺激了欧洲和美洲的诸多城市纷纷效仿。在苏格兰,格拉斯哥由于拥有丰富的工业革命时期的历史遗迹以及面临产业转型的挑战,投资建造了一座现代化的交通博物馆,并于 2009 年对外开放,虽然没有毕尔巴鄂如此之大的影响力,但其与城市文化导向的更新政策配合,实现了城市品位提升与经济复苏。与此同时,加拿大的多伦多市也启动了几项工程,包括检修皇家安大略博物馆,建造歌剧院,邀请盖瑞重新设计安大略美术馆以及加德纳陶瓷艺术馆等。

图 1-76　毕尔巴鄂古根海姆美术馆

作为文化城市,除了建设大型文化基础设施以扩大国际影响力,提升城市形象外,还必须建立一批服务于城市居民的文化基础设施,提高城市的文化共享率。这些文化设施主要包括学校、图书馆、博物馆、影剧院、文化长廊、艺术中心、体育中心、健身俱乐部等。各级文化基础设施建设,不仅有助于改善城市文化娱乐与休闲的便利程度,提升城市居民生活质量,还有助于形成城市多样性环境,营造城市文化氛围和提高城市居民素质修养。北京鸟巢利用场馆优势连续九年举办"鸟巢欢乐冰雪季"活动,更是吸引超过 160 余万人次参与,已成为北京市冬季具有代表性的体育文化品牌,良好的口碑带来了国际间的冰雪合作,也为 2022 年的北京冬奥会营造了良好的社会环境,调动了民众参与冰雪项目的积极性(图 1-77)。

图 1-77　冰雪项目

公共文化设施的人性化服务,同样是提升城市民众、外来游客对城市印象的重要方式和方法。大都会艺术博物馆是美国最大的艺术博物馆,它于 1872 年开放,共有 300 万件馆藏品,它与伦敦的大英博物馆、巴黎的卢浮宫、圣彼得堡的艾尔米塔什博物馆并列为世界四大博物馆。

如果你想去参观博物馆,大都会艺术博物馆在人性化服务上可谓是城市基础设施服务业的典范,大大提升了民众的观感体验与城市文化素养,参观者可以首先从纪录片《博物馆的秘密之纽约大都会艺术博物馆》了解博物馆概况,与文字讲解相比,电影更加鲜活直观一些。另外,大都会于 2015 年 9 月推出一项针对小朋友的活动,他们拍摄了一部片子,以小朋友的视角介绍博物馆的方方面面(图1-78)。影片让小朋友们提出一些疑问,然后邀请博物馆的工作人员来回答,每集纪录片都有不同的主题,比如博物馆的馆长有没有在博物馆迷过路? 博物馆如何保养亨利八世的盔甲? 等等。此外,通过宣传页、APP 了解博物馆相关讯息。

与此同时,提高城市文化设施的共享率必须受到充分重视,但这往往被城市决策所忽视。例如,上海虽然具有丰富的文化基础设施,但共享率并不令人满意。访问调查显示:上海建造现代化的大型文化基础设施,吸引了大量外来人口和游客,提升了城市影响力,但是对于上海本地市民来说,除了带来其所从事业务的客户外,对其本身享受文化设施并没有多大帮助,大部分上海本地人根本没有去

图 1-78　博物馆专门画给小孩子们看的介绍

过所谓的大剧院享受戏剧音乐。而大剧院人满为患的场面70%似乎都是与剧院工作人员有一定关系的观众,剩下的30%也大多不是上海本地人,而是一些官方接待的访问者。

除了上述共享率普遍较低问题外,在我国还有一个重要问题需要特别强调,即由于城市社会分异与社会隔离所造成的文化基础设施共享的严重不对称问题。这一问题在农村人口大量涌入的城市尤为明显,例如深圳、宁波、温州等地。基于这一状态,文化城市建设必须重视城市贫困人口的文化基础设施共享,特别需要强化基础教育的普及及基础教育的质量提升。其主要社会效益在于有助于贫困阶层摆脱贫困状态、应对结构性失业,从而实现经济收益增加,缓解城市社会极化问题。

作出这一判断的基本推理源于布迪厄的文化资本理论。文化资本可以分成三种形式,即具体形式、客观形式以及制度形式。其中具体的形式以精神或肉体的持久性的"性情"的形式存在[25]。这一具体形式的文化资本通常经过教育获取,而教育又分成两个重要部分,即家庭教育和学校教育。衡量这一文化资本的多寡可以用接受教育的时间来表征。对每一个人来说,家庭教育都是先天注定,且已产生极化的预定条件,主要表现在家庭、社会、经济、文化资本的多寡。而客观形式的文化资本对于贫困阶层来说,其所能直接继承的十分有限。在理想状态下,制度形式的文化资本对于市民来说则可以处于同一水平。因此,通过对现状城市制度与政策的调整,增大处于劣势的贫困阶层接受学校教育的机会,是使其获取一定文化资本的关键。在此条件下,拥有一定文化资本累积的贫困阶层,才能在公平公正的条件下实现文化资本向经济资本和社会资本的有效转化,从而避免城市贫困的马太效应。

25/ 参见周晓苹、张春云、段政:《重庆城市文化空间品质提升策略》,《城市地理》,2012年。

（五）保留特有建筑文化

其实民众不是讨厌仿古建筑,只是厌烦千篇一律的仿古建筑,地域民居结构的研究,不单单希望发扬文化瑰宝,更是为了在打造城市形象,建造仿古建筑中避免张冠李戴。尊重地域建筑风貌、民居结构的城市规划设计,才是对自身城市文化好的继承与发扬。

千沟万壑的黄土高原,若隐若现的窑洞民居,构成了西北乡村常见的传统面貌。窑洞是黄土高原的产物,是西北劳动人民的象征;深沉是窑洞的气质,稳重是窑洞的性格,平实而实用则是窑洞的品质,窑洞也就这样成为西北的一张响亮名片。但是随着城市化的发展,农村在建筑形式居住形式上慢慢向城市靠拢,失去了自身的淳朴风貌,一幢幢小洋房拔地而起,而一间间窑洞却变得破烂不堪。这种对于传统建筑形式的忽视与弃用,其实正是对一座城市优秀文化的摒弃。

西北地区传统窑洞民居很多房屋也是年久失修,几近坍塌(见图1-79)。传统窑洞的确难以满足一些现代生活的需要,窑洞也需要现代化的设施,窑洞的主人也需要现代化的生活,如何保留传统适应现代生活,使破败的农舍经过重新规划与建造,焕发出新的光彩,重新彰显地域文化建筑

图1-79 破旧的传统窑洞民居

特色,我们可以从陕西省渭南市李家沟村农村改造中找到答案。

改造前的院落是陕北地区一处破旧的传统窑洞民居,原本窑院有一座主窑,三座次窑。其中次窑均已坍塌荒废,完全无法使用,主窑也显得很陈旧,受损度较大。原先窑洞虽然具有冬暖夏凉的优势,但是同时阴暗潮湿,没有厕所、厨房和必要的农作物与杂物的储藏空间。

改造设计后的窑洞,远远就能看到这座干净整洁的窑院(图1-80)。原先院子里的主窑洞得到保留,就地取材选用当地黄土,混合山上经过风化之后的碎石渣,用它们来做新建筑的主体材料,节省了很多成本和资源,既生态环保,又能与周围环境融为一体。房屋不仅将原先窑洞的建筑形式保留了下来(图1-81),更添加了现代化的家居元素,显得大气、考究,与城市千篇一律的住房环境形成鲜明对比。

图1-80 破旧窑洞旧址改造

图1-81 传统窑洞结构得到保留

（六）打造全球企业品牌

一个好的品牌对一个企业长足发展有着至关重要的影响，一个好的企业文化同样也影响着一个城市的城市文化，甚至传递着国家形象，打造和鼓励城市优势品牌发展，也是对外宣传城市竞争力，彰显城市文化的一个重要部分。一个好的品牌、企业或者产品，都是宣传一个地区的重要途径，受众都会从一个企业生产的产品质量、使用体验、企业文化、品牌广告中加深对一个城市的印象，这种印象有好有坏。企业品牌和文化上的发展需要企业自身掌控的同时，也需要城市、国家相关部门的指导与鼓励。例如，提到鄂尔多斯，人们首先会联想到鄂尔多斯羊毛、羊绒质量非常好，这就说明，受众会无意识中将城市与城市某一个好的物品、好的品牌、好的用户体验和感受串联在一起，形成对一座城市的初步认知。可见包装一个好的城市区域品牌对宣传城市品牌，树立好的城市品牌形象有着极其重要的作用。可口可乐作为一个美国饮料加工企业，它的价值早已不单单是立足于企业利益，更多的是通过品牌文化输出美国文化，影响世界。在全世界进行有策略的品牌宣传推广、营销，带来的不仅是长盛不衰的销售业绩，更多的是通过产品、广告，输出了美国精神、美国文化，让更多人接受并且向往，可见一个好的城市企业品牌对一个城市的文化、甚至是国家的文化输出有着巨大的作用力。

通过对可口可乐历年来的广告宣传分析，可以看出可口可乐公司对于不同城市、不同文化背景下的地区广告投放内容是不同的、是有针对性的。例如，中国、韩国、日本的可口可乐广告定调都主打温情、关怀，故事主题都以节日和团聚为主；欧洲、美国、巴西的可口可乐广告定调都主打浪漫、爱情、火辣的故事情节；而古巴、泰国等欠发达地区都以人道主义、生命为主。这种有针对性的广告投放不仅可以引起受众共鸣,同时,受众也会形成某种认知,认可广告中所传递的企业文化价值精神,将企业文化价值精神上的认可提升到对城市文化的认可、对国家文化的认可。认为美国这个国家是包容的、人道的、热情的、浪漫的,处处充满生机与活力的,并心生向往,那么这个企业的文化价值创造,文化输出价值便达到了。在欧洲的品牌宣传上,可口可乐把用了 7 年之久的广告语 Open Happiness 改成了 Taste the Feeling 后可口可乐就开始在广告里使用更强烈的感情影响观众,爱情的火花显然是更容易吸引眼球的元素(图 1-82、图 1-83)。

图 1-82　为维修工送可口可乐引发的家庭比赛

图 1-83　大明星与粉丝的电梯奇遇

　　贫困地区的人道主义关怀也在可口可乐广告中展现得淋漓尽致，无论是广告还是产品设计，都得到了广泛赞誉。赛卡病毒爆发在南美全境，孕妇一旦感染，有很大的概率导致婴儿小头畸形，世界健康组织为此发布了健康预警。而在 2016 年奥运会期间，会有来自全球各地 500000 名游客到访巴西，因此，为了保护这些游客，也为了大家能一起来对抗赛卡病毒，可口可乐专门设计了一款可口可乐包装，一方面表示支持所在国家，一方面可以有效驱蚊，起到保护的作用（图 1-84 ）。

　　喝完的塑料饮料瓶除了扔弃，好像鲜有人拿来再利用。而可口可乐在越南推出名为"2ndLives"的创意活动，用一个小小的瓶盖直接赋予塑料瓶"第二次生命"。他们为顾客提供一份包含 16 款瓶盖的创意套装（图 1-85 ），轻轻松松地让塑料瓶变身成水枪、画笔、摇铃、刨笔刀、喷壶甚至哑铃……以最低廉的方式方法满足城市居民更多生活上的需要。

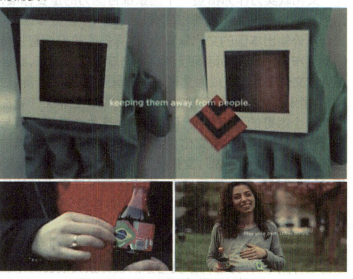

图 1-84　可口可乐包装驱蚊贴设计

图 1-85　可口可乐瓶盖的巧"变身"

（七）支持大众文化艺术

1.文化艺术类活动

文化软实力作为衡量一个国家综合国力的重要标准，是世界各国制定文化战略和国家战略的一个重要参照系。如何对外输出本国的文化软实力，世界各国政府皆有独特的战略布局。随着国际间经济文化交流的日益频繁，跨区域型的文化艺术交流成为文化传播的重要途径，设计周、时装周、音乐节等文化交流形式，不仅仅为文化艺术工作者提供了一个很好的展示平台，同时，也给予大众更多渠道与机会去接触新鲜的思想文化。文化艺术类交流是提升城市品牌形象的有力"武器"，文化类活动不仅传递着城市是音乐、绘画、时装，在一定程度上，它传达着区域内人们的情感、生活态度。是展现城市魅力很好的表现渠道。

（1）设计周

以米兰设计周为例，它汇集全球顶级的设计理念，与顶级的设计成果，作为世界家具与家居设计顶尖展会的米兰国际家具展与"米兰设计周"，是全世界家具、家居、建筑、服装、配饰、灯具、设计专业人士一年一度"朝圣"的设计圣

图 1-86　家具陈设类展品

图 1-87　家具陈设类展品

图 1-88　椰林树影超级软床的艺术装置

地，也是世界三大家具展览之一。这里不仅有设计界最先锋的思潮，也是设计趋势的风向标，每年吸引着来自世界各地超过 40 万的参观者。年复一年的成功举办也一次次地刷新着米兰作为设计之都的城市印象（图 1-86 ~ 1-88 ）。

荷兰设计周作为西欧地区规模最大的设计活动，每年可吸纳近 3000 名设计师参展，430 个展览在 100 个城市内的不同地点举办，参观总人数超过 33 万人。展览地的巡回，不仅让世界人民有机会接触设计作品，同时，也让受众对荷兰设计周、荷兰这个国家、荷兰设计、荷兰设计师产生更高的好感度。

荷兰设计周有别于前者的米兰设计周，米兰设计周由一个家具贸易展发展而来，而催生荷兰设计周的是埃因霍恩设计学院每年会在城中举办的毕业设计展。荷兰设计周创立的初衷是为设计师服务的，它创立的初衷是联系设计师与商业机构，帮助设计师找到更多项目和工作机会。这也是荷兰文化部门振兴荷兰设计业，用设计带动就业的一大文化战略。

搭建这样一个平台并不是为了让设计师或品牌在这里兜售一件件成熟的商品。更多的是展示他们正在进行的一个实验性的社会项目、一项技术、一个解决方案或者一个新的提问,探讨设计与未来的关系(图 1-89 ~ 1-91 所示)。

（2）音乐节

同样,音乐节也是城市文化战略中非常值得推广的城市文化推广战略方法。"草莓音乐节"作为国内音乐节品牌是摩登天空继"摩登天空音乐节"之后,于 2009 年创办的另一音乐节品牌,相比"摩登天空音乐节","草莓"的气质更为多元,更具有春天、浪漫、爱的特质。每年 5 月份去草莓音乐节的现场,已经成了众多文艺青年以及摇滚、民谣爱好者一场不可错过的狂欢。草莓音乐节不仅仅是一场音乐的狂欢,更是一种时尚的生活方式,很多人只是为了来这个有音乐、有草坪、有啤酒,可以撒个欢儿的场所,年轻人爱的就是这种自在自由的表达。现在越来越多的城市开始引入音乐节这种外来文化形式提升城市影响力,音乐节也越来越为人所喜爱与接收。许多地区都相继推出具有地域代表性的音乐节活动,比如"张北草原音乐节""杭州西湖音乐节""贺兰山音乐节"提高了地区知名度与影响力,带动了地方经济,宣传了地方城市文化(图 1-92)。

图 1-89　设计的未来旅馆

图 1-90　埃因霍温设计学院毕业交流现场

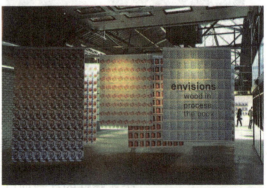

图 1-91　材料的特性

图 1-92　张北草原音乐节

（3）时装周

时装周也是地域文化艺术输出的重要平台，法国巴黎被誉为"服装中心的中心"，国际上公认的顶尖级服装品牌设计和推销总部的大部分都设在巴黎。每年在巴黎举办的巴黎时装周（图 1-93），不但引领法国纺织服装产业的走向，而且引领国际时装的风潮。

除时装之外，法国的奢侈品也是法国文化输出的重要方式之一。根据世界奢侈品协会发布的全球奢侈品排行品牌榜显示，在全球排名前 10 的奢侈品品牌中，有 6 家位于法国，其中涵盖了箱包、香水、珠宝、化妆品等奢侈品种类。法国首都巴黎也因此被称为"奢侈之都"。

图 1-93　巴黎时装周秀场

除了享誉全球的四大时装周，如今越来越多的城市为了提升国际影响力相继开展时装周，来展示本国和本地区的设计文化、时装文化以及传统文化。上海时装周作为中国原创设计发展推广的最优化的交流平台，历年吸引了众多国内优秀的自主品牌，尤其是每届的时装周主秀场的首场秀演，都由本土原创品牌担纲。力争为中国自主品牌、本土设计师营造良好、有序的发展环境，形成上海时装周平台提升与民族品牌振兴发展共同进步的良性循环。从2003年创办至今，迈向16岁的上海时装周迎来了新一轮的发展周期。无论是通过坚持不断摸索走适合自身定位的发展道路，还是笃定秉承"立足本土兼备国际视野""创意设计与商业落地并重"核心定位的决心，其目的都是让年轻有活力的上海时装周赢得世界时尚产业的瞩目（图1-94）。

图1-94　上海时装周

（4）艺术节

自 1715 年正式有独立名称以来，"艺术节"已经经历了 300 多年的发展，而如今，艺术节在新兴经济体的城市里，在亚非拉地区仍呈现快速增长的趋势。这是伴随着城市化、现代化进程的一种必然现象，同样也是一个城市同时吸引居民和企业的越来越重要的驱动力量。

艺术节在文化催生、产业构筑、城市营销、社会认同和精神凝聚等方面，可以发挥难以替代的重要作用，已成为推进城市文化建设与革新的重要引擎。

人造新兴节日往往因当地的人、事、物、景、艺等资源而起，有很强的城市地方属性，有明显的大型活动内涵，有清晰的活动范围边界。它与传统节日的区别在于，传统节日已渗透到市民的生活形态之中，成为一种弥散的、寻常的状况；新兴节日往往显现于市民的生活形态之上，成为一种高调的、特殊的状况。

图 1-95　街头文化表演

每年的八月，爱丁堡都会迎来一年中最盛大的节日——爱丁堡艺术节（The Edinburgh International Festival）。此时，来自世界各地的大量艺术爱好者将汇聚在这里，爱丁堡全城都将变得充满艺术活力，在大街上，随处可以见到欢乐的表演。苏格兰民风的乐曲弥漫在你的耳边，晚上更是有很多精彩演出，酒吧经过批准也可以合法延长营业时间。艺术节期间，爱丁堡及周边地区的观光人数会达到峰值，可以说全民都伴随着这个节日而疯狂起来。2018 年，爱丁堡国际艺术节迎来第 71 个年头。本届艺术节在第一次世界大战结束一百周年之际，主打青年人的才华，纪念"一战"及过去百年间过早逝去的那些年轻人。本届艺术节也响应了苏格兰政府将今年打造为"属于年轻人的一年"(Year of Young People)的倡议。为 8 ～ 26 岁的年轻人提供平台，让他们能够在关乎自身的议题上发出自己的声音，展示思想与才艺，以打破当今世界对他们的种种束缚（图 1-95、图 1-96 ）。

图 1-96　街头文化表演

　　由此可见，艺术节是一个能够让社会族群聚集、让社会力量体现、让社会欢乐涌动、让社会和谐滋生、让社会充分认同的盛会。如果你去过西班牙庞普罗纳奔牛节，一个很大的震撼或者说这一节日的最大特色就是，来到这座小城的游客和当地市民不约而同地统一着装：白 T 恤、白长裤、红领巾、红腰带。这种对节日的社会认同、身份认同，通过衣着认同强烈地表现出来。节庆活动是激发社会认同感和文化表达的重要平台。一个好的节庆能使所在地方的社会组织与市民活跃起来,并激发他们以一种主人翁的身份热情参与,激荡他们的情感,启迪创意和思索,触动和抚摸社会心灵。事实上,艺术节也一定会凝聚并凸显城市的时代雄心与市民精神。城市的历史传承、文化氛围、风格秉性以及市民的兴趣爱好、鉴赏水准、道德素养会在艺术节里顽强地体现出来,并留下不可磨灭的烙印。

与此同时,通过艺术节这一扇窗口,外部世界的文化、风格、时尚、观念以及优质文化的精髓,也会如春风习习,拓宽城市的视野,开阔城市的胸襟,熏陶城市的情操,提升城市的精神。以艺术节的博大精深,以艺术节的多元共存,以艺术节的创新引领,不断雕琢城市,不断雕琢市民精神。总的来看,艺术是庆祝,是节日。在节日中人们欢聚在一起,打破日常状态中人为的界限和障碍,敞开心灵,达成理解,走向"共通"。人不再作为个体而存在,而是节日的一部分,从属于节日并敞开于节日。

显然,艺术借助节庆活动方式得以最为集中地展示和演绎人性中那些代表"公共性"和"共通"的东西,对于强化、培育和弘扬城市价值观无疑会起到十分积极的作用。

（5）动漫节

作为世界上最大的动漫制作和输出国,日本享有"世界动漫王国"的美誉。有统计显示,全球播放的动画节目有60%是日本制作的。日本动漫凭借其剧情的创新性和趣味性,在全球动漫市场占据着重要地位,是日本文化输出最主要的方式之一。

日本动漫产业的繁荣主要得益于政府的大力支持。20世纪八九十年代,日本出现经济泡沫并迅速破裂后,动漫产业作为振兴产业受到了政府的大力扶持。国家出台了一系列政策系统性地培养人才,促进动漫产业发展,日本动漫开始成规模地向海外输出,日本政府明确提出要从经济大国转变为文化输出大国,将动漫等文化产业确定为国家重要支柱产业。十几年来,动漫产业作为日本文化产业的代表,已经和日本电器、日本汽车并列,成为影响世界的三大日本制造。以2001年宫崎骏导演的《千与千寻》为例(图1-97),这部电影不仅拿下日本总票房第一,而且在北美取得2亿多美元的票房,2003年《千与千寻》获得奥斯卡奖。该片上映后,日本动画片在全球得到更广泛的认同与追捧,成为了一代人童年必看的动漫电影。

而与此同时,日本动漫产品也开始成功走向世界,成为最有价值的出口产品之一,在全球传播日本文化,彰显日本的影响力。日本动漫产业在政府的扶持下,同时也带动了日本旅游文化业的发展。日本东京每年都会举办东京国际动画节,参展单位和游客数量逐年递增,2016年参观人数已超过13万。此外,一些动漫中还会有计划地加入与日本旅游文化相关的特辑,著名动画片《名侦探柯南》每年都会制作特别的"旅游篇",用于宣传日本的旅游文化。

除此之外,日本政府为落实《21世纪文化立国方略》相继出台了一系列配套政策,将动漫等文化产业确定为国家重要支柱产业,通过推行工业化大生产、建立文化产品产业链、扩大文化产品出口等,积极推动文化产业发展。

为了扩大日本动漫在国外的影响力,日

图1-97　动漫电影《千与千寻》

本外务省不惜拨款 24 亿日元从动漫制作商手中购买动画
片播放版权,将这些动画片免费提供给发展中国家的电视台
播放,以扩大动漫作品的国际影响力,输出本国动漫文化。

2. 支持大众文娱性活动

高雅艺术可以产生巨大的社会效应,甚至是世界闻名,
但这对于普通市民的生活来说,其直接意义并不明显。我
们没有理由反对城市对于高雅艺术的追求和推崇,甚至我
们还必须提倡。但是,高雅艺术引以为傲的所谓"深奥"往
往会处于"曲高和寡"的尴尬境地,这一矛盾对城市普通居
民来说尤为明显。倒是那些具有民间气质而不失低俗的文
化艺术形式能够引起社会共鸣,取得市民的喜爱和支持,并
对城市居民的生活带来快乐和享受。

受传统精英意识的强烈影响,城市决策常常会陷入两
大误区,其一是对大型文化设施,特别是那种供高雅艺术展
演的文化设施报以巨大的投资热情,对于那些小型的利于
大众文化娱乐的文化设施兴趣不高。其二是对文化的硬件
基础设施投资倾注全力,而往往忽略了文化艺术家和文化
艺术作品本身的发展需要。对大众文化和大众文化艺术者
的过分监控、管制甚至是遏制行为不以为然。但是,这是一
种危险的心态,其后果通常就是文化艺术人才的流失以及
城市文化氛围的退化。这是因为在当前全球化语境下,城
市居民具有相对自由的流动权利。当大众艺术工作者感受
到其所处空间存在了一种桎梏感时,当其有动力也有条件
离开此地时,便会寻求新的艺术空间。进而,是本地大众艺
术创作与表演氛围的退化及随之而来的城市文化与艺术氛
围的削弱。

1. 音乐类

随着创作型、民谣类歌手不断受到追捧,一系列具有地
方赞誉性的地方音乐作品受到大众的喜爱,城市主题歌曲,
它既不是口号,也不是精神。好的城市代表歌曲,必须要真

心、真诚，如果带有强烈的功利性质的话，就很难做出好的作品，而它的原则，就是忠于人性。歌曲的传唱增进了人们对某个地方的兴趣与向往，希望有机会去看看，是不是歌词里说的那样。这种歌曲式的城市形象宣传，是一种优秀的文化表现方式，对城市形象宣传传播有着积极作用，对城市品牌的打造以一定的借鉴与参考价值。例如，传唱度很高的《成都》，歌词写到，"和我在成都的街头走一走，直到所有的灯都熄灭了也不停留，你会挽着我的衣袖，我会把手揣进裤兜。"（图1-98）。又例如《北京，北京》唱道"北京北京，如果有一天我不得不离去，我希望人们把我埋在这里，在这儿我能感觉到我的存在，在这有太多让我眷恋的东西。"歌词既反映了北漂游子的心声，也在一定程度上勾起了年轻人北漂的冲动。之所以那么多人选择北漂相信其中一定蕴藏着深厚的城市魅力与动力。

正是因为歌曲的传播、流传速度快且高效，使得越来越多的城市开始注重这方面的包装与"大招"，以传播城市文化彰显城市魅力。

图1-98　成都街头

在音乐类文化战略输出上，做得最好的应该属韩国音乐文化，简称"韩流文化"，以流行音乐、舞蹈和综艺节目为载体的"韩流"一直是韩国文化输出的主要手段，"韩流"在世界各地都拥有数目不小的粉丝。这背后最强大的推手正是韩国政府，通过一系列的政府工程，"韩流"不断输出韩国的文化软实力。1998年，时任韩国总统的金大中提出了"21世纪韩国的立国之本是高新技术和文化产业"的经济发展思路。经过数十年的发展，韩国文化取得了爆发性增长。在以色列、阿联酋等国，韩剧创下超过五成的收视率；在法国，韩国SM集团演唱会的万余张门票15分钟内就被一抢而空；而在澳大利亚，"Hallyu（韩流）"已经成为一个新生的英语单词。

韩国的主要文化产业包括：电影、电视剧、娱乐节目、广告、广播、动漫、出版、游戏、音乐、动画片等。在政府的正确引导与大力扶植下，经过多年的努力，韩国的文化产业发展迅猛，尤其是电视剧、电影、娱乐节目、音乐、游戏等产业的发展为韩国经济的发展起到了很大的促进作用，成为了与金融业、房地产业并列的拉动韩国经济增长的新动力。"韩流"的流行不仅扩大了韩国文化的影响力，同时也带来了巨大的附带效应。"韩流"相关的文化产业中每产生100美元的出口，就会附带412美元的产业拉动。

（2）电影电视类

光影记录是城市文化和形象传播的重要载体。中国电视电影文化事业的迅猛发展，出现了大量具有鲜明城市特色的电视剧、电影、纪录片，它们彰显城市地域特色的同时，也承载着城市文化内涵，扩大了城市的知名度，增强了城市文化的竞争力。

①电视电影发展趋势。首先，一些电视剧为了反映特定城市的生活环境和历史面貌，会在这个城市中选取最具有代表性的景观作为拍摄外景地。城市管理者应该抓住这

种良好的宣传机会,进行宣传报道,有助于扩大城市知名度,城市标志性建筑的文化影响力,能一定程度带动城市旅游业的发展。

其次,是以一座城市为故事背景,并直接在影视剧中明确城市的名称,那么作为承载着整个故事发展的背景城市,其城市品牌形象在客观上会随着电视剧的播出而得到广泛传播。观众在收看时会把电视剧中的人物、故事与真实的地点结合起来,想象这里曾经发生过什么,有过怎样的悲欢离合,使得城市品牌形象有血有肉,进而打造出拥有自己特色文化的城市品牌形象。

最后,电视剧主题曲及台词对城市名称的强调。电视剧往往以主题曲、插曲、台词以及字幕等多种方式强调故事的发生地。这在一定程度上不仅推动了故事情节的发展,也加大了城市品牌形象传播的力度,达到传播的有效性。

方言也是进行城市品牌形象传播时不可忽略的元素。首先,每个城市都有属于当地的方言,一方水土养育一方人,方言也是一座城市独特文化的重要组成部分,通过电视剧演绎故事的方式,将城市的方言文化传播出去,如果这部电视剧成为全国大热话题剧,那么观众不仅看到了城市的外在风光,也能感受和体会到城市的内涵,会使这座城市的文化更加引人注目。

其次,城市包容性也成为城市品牌形象传播的主要内容。像上海、北京这样的大都市,其现代化建设和基础设施的配备,没有必要再在电视剧上进行大肆渲染和宣传,而更应关注城市本身的人文精神和内涵。

最后,展现属于普通百姓的娱乐文化生活也是进行城市品牌形象传播的重要手段。每一座城市都是一个多元素集合体,不仅有外在的风光,人文内涵也是展现城市品牌形象不可忽略的重要因素。

电视、电影产业作为一种文化产业,包括电视剧的拍摄基地、电视剧生产以及电视剧文化产业服务链。城市应充分利用各种资本和本地文化资源,大力发展电视剧产业。城市可以从电视剧市场中获得利润,由拍摄活动引出的影视基地建设、影视文化旅游、影视文化产品等相关产业,都可以吸引游客,塑造城市文化形象。

(2)城市品牌形象的呈现方式

①片名。一个城市和一个企业在本质上并没有不同,一个城市本身也要和其他城市竞争,不管是吸引投资,还是吸引旅游,只要有竞争的地方就需要营销和品牌的推广,营销的手段是多种多样的,电影应该是营销推广的利器之一,但是如果借助拍摄的电影或电视剧没有火,就起不到推广城市的作用。直接点明电视、电影故事发生地的片名最能直接反映影片与城市关系,如《唐山大地震》《可可西里》《北京青年》等。这样直白的呈现形式,能够提高该城市在电视电影拍摄和宣传中的出现率,不断刺激观众的听觉和视觉,让观众在接受影片的同时也接受了与影片相关的城市信息。

在借助电影推广城市上,唐山市政府选的制作公司、合作方以及导演都很好,冯小刚是商业电影的品牌,他拍的电影有固定的粉丝,在合作上就非常完美,找到强势的合作伙伴,确保电影本身是能够做好的,才能带动这个城市的影响力。虽然唐山大地震只是作为一个背景,或是一个噱头,但作为成功的营销,唐山市已经迈出了踏实的第一步,为唐山找到了一个很好的关注点。虽然这个成功的企划营销案例手法非常传统,但是非常到位。唐山市政府和冯小刚都是比较成熟的,两者之间的嫁接做得很好。

②台词、道具。电影情节的推动需要依靠演员的台词和道具的使用,台词和道具的使用常可直接点明或显示影片拍摄地点。在电影《无问西东》中,西南联大的师生,为躲避战乱远赴云南,镜头离开帝都,离开现代大都市,象征

云南大地的广袤红土地、巍峨云南松、蓝天白云出现在画面里，在这里四季鲜花不断，城内烧饵块、米线、卷粉等小吃众多，贩夫走卒、引车卖浆自由奔走。电影很好地还原云南的风土人情、自然风貌，甚至包括云南哈尼族濒临消失的蘑菇房。同时，"把自己交给繁忙，得到的是踏实，却不是真实""愿你在被打击时，记起你的珍贵，抵抗恶意。愿你在迷茫时，坚信你的珍贵，爱你所爱。行你所行，听从你心，无问西东。"等一系列电影中的台词也引发了诸多网友的反思与共鸣。

张艺谋为成都拍摄宣传片，片尾处"成都，一座来了就不想离开的城市"成为宣传片的点睛之笔。从此广为流传，成为成都的另一张崭新的名片。不可否认，后来，成都人常拿这句话打趣，"来了就走不脱的城市"，听起来不那么矫情，但意思却是一样的热情。

③风景。植入风景是城市品牌形象宣传中最常见的呈现形式。电影所拥有的极佳视觉呈现效果能够更好地展现城市的外在景观形象。对于城市而言，电影独有的光影艺术和镜头语言能够让观众们沉浸于电影所营造的美景之中，从而对该城市形成良好的印象。风景植入这种呈现方式已经成为电影和城市的"双赢"之举。

④鸣谢。鸣谢主要出现在正片结束后的字幕部分。当城市参与影片的联合摄制或者协助影片拍摄的时候，协助单位就会出现在"鸣谢"之中。鸣谢内容除了对城市政府表示致谢之外，还会出现对风景区、房地产公司，甚至酒吧餐厅的鸣谢，这些都是城市品牌形象中重要的组成部分。

⑤方言、戏剧等特殊形式。一座城市的形象不仅包括外在景观，还包括内在的文化底蕴和风俗习惯。如何在电影中表现一座城市特有的文化、风俗，一直是让城市推广者感到为难的地方。语言是城市品牌形象中的重要组成部分，处于不同区域的城市拥有不同的发音、逻辑和反映地方历

史风俗的俗语和俚语。剧情片《万箭穿心》就很好地展现了武汉地方方言,同时女主角的职业需要很好地展现了武汉汉正街的"码头文化"以及"扁担文化",很好地反映了汉正街上讨生活的一群人真实的生活状态。

3)纪录片类

（1）发展现状

一部《舌尖上的中国》让中国人对纪录片有了新的认识和热情,而近年来,随着城市宣传工作的需要,纪录片开始越来越多地用于传播城市品牌与形象。城市纪录片不仅开始在纪录片中占据一席之地,也在城市品牌形象的传播中发挥巨大的作用。

作为城市品牌形象传播的一种途径,则越来越受到重视,城市纪录片也开始在城市品牌形象的传播中大放异彩。在城市品牌形象的类别中,城市的视觉形象是城市品牌形象最直观的展示;而通过媒介的影像文本表现出来的城市缩影,必须包含大量的符号才能够支撑一个城市的外在形态。纪录片作为一种影像传播的方式,可以用最真实的镜头语言向观众展示一个城市的历史和现在。

（2）传播内容

①城市风光。城市的街道、古建筑或者现代建筑、公园、雕塑、交通等犹如城市的外衣,向人们展示着城市的外貌。城市风光作为城市环境中最有特色的部分,是一个城市的标签名片,因此,也成为城市纪录片的主要记录对象。

②城市变迁。纪录片可以最大限度地真实记录一个城市的发展进程和历史变迁。《西安2020》这部纪录片立足于改革开放以来西安的沧桑变化,回望了长安古城历史深厚的文明,展望了西安新城未来宏伟的图景。

③城市历史文化。文化是一个城市所拥有的独特记忆,从历史遗留下来的街区到现代化的生活社区,从传统技能到风俗习惯,物质和非物质的各种文化形态组成了一座城

市的记忆。城市文化可以为城市增添一些多样化的符号要素，弥补视觉上的雷同所带来的审美疲劳，通过诉说该城市的历史与文化，来表达其独特的民俗文化和精神意境。

④城市美食。民以食为天，食物自然成为记录城市的上佳素材。《舌尖上的中国》的火爆一方面来源于舌尖上的感动，另一方面，观众从中国人对美食的热爱里读到中国人对生活的热爱，从中国人对生活的热爱里看到中国社会经济的飞速进步和发展。在舌尖系列大火后，纪录片也开始转向针对某一具体区域展开城市美食记录，如央视又一力作《寻味顺德》，纪录片以顺德美食作为切入点，整体关照顺德鲜明而厚重的地域文化特质、流变及其影响，片中汇聚了近百道顺德菜的精彩故事，全面反映了顺德城市的传统与现代气质及顺德人特有的精神基因。纪录片一经播出反响热烈，引发众多吃货网友自驾前去顺德探店。

⑤百姓日常生活。城市纪录片往往把镜头对准一个城市的宏大历史和名人名景，似乎这样才有记录的意义。但除去历史的光环和名人的荣耀，一座城市仍然具有打动人心的城市魂，那就是这座城市容易被忽略的当下，那些普通百姓的日常生活。

（七）设计升华城市形象

简单地说，城市形象就是城市"形"在人的头脑中形成的"象"。虽然这一看法十分简单，但揭示了城市形象的两个基本要点：其一是城市形象建立在城市本身所拥有的各种有形、无形的存在之上。其二是城市形象的形成经过了一种人脑加工，是一种实际存在的映像。

如上文所述，城市人口根据其主要利益追求的不同，基本可以分成城市开发精英、城市决策者以及城市普通居民等。城市决策者的目标是竭力满足精英开发获利和市民理性趋利的决策要求以及感情交流需要，从而最终实现城市增长。因此,寻求有效的路径,促进城市吸引和累积各种资本的能力,强化城市居民推动城市发展的协同力,是城市决策者的核心目标。

城市形象,作为城市整体的一种符号化表达,则有利于实现这一目标。具体表现为:其一,好的城市形象能扩大城市影响,增加吸引力,是城市文化构建的一种整体性"文化资源"综合体。其二,城市形象由于是一种表征城市多要素的综合概括,是有别于其他任何城市的特质表述,因此城市形象的建立将有助于城市认同感的增强,形成城市内部凝聚力。其三,从营销城市的角度来说,城市形象一定程度上是城市营销的基本对象。同时,城市形象的可符号化性,使得其超越物质要素的不可移动性限制,为城市形象的广泛传播提供了可能性,而网络与媒体的发展,则为城市形象传播提供了便利性。

由于城市形象的形成是城市拥有的各种存在经过头脑映像的结果,因此深刻、良好的城市形象必须既注重城市本身的塑造和建设,还必须注重受众特征的分析。上文所言内部指向性城市文化战略实际上可以看作是一整套城市自身内涵的塑造的过程。在此基础上,升华城市形象的核心就转变为如何采取适当的手法使良好的各种城市存在转化成为受众头脑中积极、优秀的映像。

深刻印象的形成必须依靠良好的感知媒介。在现实中的情况是,城市感知媒介通常表现宽泛,其结果是受众基本无法形成有序、统一、持续、深刻且优美的文化感知。因此,对于文化城市而言,城市形象设计的根本重点在于如何将城市各种独具特色,能代表城市文化特征的要素凸显出来,以构成受众的易感知媒介。根据受众的不同,通常可以分成城市长期居住居民以及暂时性旅游者。城市长期居住居民通常以市民为主,根据其日常活动范围与线路,其易感知的城市文化界面为城市交通系统、城市小街巷、购物中心以及公园绿地等,因此这些地段的文化要素提炼有利于城市居民对城市文化形象的感知。而对于暂时性旅游者而言,其行动路径多以城市机场、火车站、汽车站、码头、城市地标、著名旅游景点、城市主要交通要道、城市商业中心等为主。因此,此类地点则是将城市良好形象呈现给暂时性旅游者的最重要媒介。这些界面的确定基本可以援用凯文·林奇的五要素城市意象理论。在现实中,诸多城市形象塑造不能取得良好效果的原因并不是城市决策者没有意识到城市形象塑造的重要性,而是将关注点过分集中地置于城市的某一两点,如仅仅关注某一文化地标或者某一新商业中心的塑造,而忽视对其他城市界面的维护,如忽视火车站的形象维护等。其结果通常是得不偿失。

当然,上述方法仅仅关照了城市形象的物理空间方面,即城市视觉系统。事实上,根据一般的城市形象构成理论,城市形象系统除了上述视觉系统外,还包括城市理念系统、城市行为系统。对每一个系统而言,它都包含了其他诸多具体要素。因此,城市形象设计还需要从这些纷繁的构成要素中选取最能代表城市文化特质和城市品牌的要素,进行整体而系统的序列化处理和重点塑造。经过这一程序后,可以对城市形象的"形"进行符号化,以此获得能够表征城市实际品质的系列化的非物质形态产品,从而为城市营销上的虚拟渠道传播和现实渠道传播提供基本条件。

其中需要特别强调的是城市企业品牌、城市产品品牌以及城市名人这些无形文化资源构成对城市形象设计与升华的巨大作用。由于这些要素的非物质性,其在进行城市形象塑造时通常处于被忽视状态,而实际上这些要素才是构成提升城市国际影响力的关键之所在,诸如世界名人、世界名企、世界名作等都会成为一个城市闻名于世的重要因由。

（八）文化城市的营销

如果构建文化城市的城市文化战略系统止于上述的演绎大型文化事件，那么该战略系统显然还处于"城市推销"水平，即通过刺激手段赢取投资者和旅游者对城市的青睐，这是一种停留于卖方市场的思路。对文化城市进行全球营销的必要性在于扩大城市影响力和知名度，从而为城市在人才争夺战中获得先机。对一个城市而言，即使其在城市内部建设已做出了良好的安排，但不能与全球文化接轨，积极接受外界诸多竞争对手的挑战和考验，那么其也不能称为真正意义上的文化城市，也必然在竞争中走向衰亡。因此，文化城市的全球营销是其适应全球城市竞争，实现良好的动态演进的基本外部动力之一。

营销，其核心要素在于对目标市场的需求和欲望进行有效分析，并做到比竞争对手更有效地满足顾客的要求。因此，全球营销文化城市的首要任务是分析谁是城市营销的市场目标，其根本需求是什么。如上文所述，城市决策者的根本目标是促进城市经济增长，而城市经济增长的基本保障即是投资资本和劳动人才。基于此，文化城市营销的市场目标，也即城市顾客可以简单概括为三个类别：投资者、旅游者与就业人才。在判定城市顾客后，紧接着需要调查和了解的就是不同顾客的欲望和需求。

一般来说，不同的社会群体其关注的重点并不相同，即注重不同的利益点。例如，投资者关注的重点是城市较好的交通、区位、经济发展水平、相关政策、金融市场等。而旅游者则更加关注城市的旅游资源，是否能够满足旅游者的个性需求，是否具有令人舒适的自然景观、人文环境，是否可以满足个人的精神需求等。而就业人才选择一个城市，其根本目的在于是否具有较多的就业机会、是否有良好的工作环境、是否有很好的薪资报酬等。需要指出的是创意人才对工资等经济条件的关注开始降低,对城市音乐、艺术、体育活动、文化设施、人文历史环境以及城市包容性开始格外看重,即创意人才已经从关注物质条件转向了人文、精神条件,更加关注于个人价值的实现。

城市顾客在决定是否购买城市产品时,都会对城市资源进行评价。而产品本身的差异性决定了其可评价的难易程度。因此,对于不同的城市顾客,在城市营销过程中需要分析其所重点关注的城市产品的特征,从而有针对性地提供利于城市顾客作出评估的信息媒介。

确定了针对不同城市顾客群所应重点设计的营销内容后,还必须重视这些内容在营销媒介上的选择。实际上,城市营销媒介多种多样,例如城市名人效应、城市战略规划、城市文化名片、城市门户网站等。其中需要强调的是,文化城市的全球营销需要充分重视网络传媒的作用。这是因为,由于受到诸如国家制度、个人收入状态以及时间安排等的限制,能够亲自前往某一城市并对其进行感知和评估的城市顾客通常规模较小。需要认识到的是,在世界范围内还存在潜在的庞大城市顾客群,那么如何为该类城市顾客群提供城市信息并使其有效传播到他们可获知的范围? 这需要依靠网络传媒。网络传媒不仅能够跨越空间限制,其还可以跨越诸如不同国家的许多文化制度障碍,如即使在中国中央电视台拥有全部的电视广告权,用于宣传营销城市,但该种媒介尚不能轻易有效波及世界范围内其他诸多国家的受众,而网络则可以突破这一障碍。

网络传媒除了能够解决上述问题外,其重要性还表现在它在人们日常生活中地位的提高:一方面是网络服务本身的逐年增长,另一方面是利用网络进行信息交换和信息搜索的网民也正处于不断增长之中,网络虚拟场所空间日益成为人们乐于采用的交互形式。而在诸多发展中国家或欠发达国家,网络媒介则与我国相类似处于快速扩张状态。

基于这一总体形势,网络传媒应列为文化城市营销中信息传播的重点媒介。

三、城市文化战略的影响

(一)具有一定的空间效应

城市文化从来与空间都具有紧密的联系,城市文化通常需要存在介质的荷载才能获得呈现,而荷载的重要形式之一就是城市文化空间景观。实际上,城市文化战略最直接、最直观的效应表现即空间文化景观的改变。根据空间的关照尺度,空间效应主要包括:历史文化空间的更新、文化集聚区的出现、文化地标系统的强化以及文化空间隔离等。

城市文化战略的初级阶段通常都是以解决老城中心区衰败和传统工业衰退等问题为基本出发点,因此在充分尊重历史文化底蕴条件下,提升环境品质,置换功能成为文化战略的主要手段[26]。这一措施的实施,不仅优秀的历史文化街区和空间得到有效保护,而且吸引了一批城市艺术工作者的进入,即促进了绅士化过程。绅士化过程带来的"活性"文化元素与城市本身的物质文化要素取得了良好的结合,这些曾经废弃的城市空间则被政府和开发商重新利用,得到了较大的资金与政策支持,由此形成了多种文化休闲空间。例如,高档文化休闲空间南京1912,上海的新天地;游憩性空间南京石头城公园、巴尔的摩的内港休闲娱乐区、伦敦码头的游憩公园等。因此,这些地区通常表现出多种功能的叠加,如休闲、消费、旅游、创意、生产等。

文化集聚区的出现,根据其主要内容的不同,可以分成三种,即文化基础设施集聚区、文化休闲消费集聚区以及文化产业集聚区。文化基础设施集聚区通常具有公益性特征,

26/ 参见胡江:《北京798艺术区的转型与空间建构——道客巴巴》

即政府为了改善城市文化基础设施,提升城市居民文化生活共享率,利用已有的文化基础设施资源,根据服务范围需要,建设的以大型文化基础设施为中心,多种文化设施集聚的空间,例如南京的长江路地区和河西奥体中心地区等,这些空间通常成为城市主要的旅游资源点。文化休闲消费集聚区通常是以商业获利为主要目标,如南京水木秦淮。文化产业集聚区通常是城市文化产业发展的载体,也是文化产品生产的主要空间,这些空间通常会以飞地的形式存在于城市边缘区。文化产业集聚区的形成,主要经历了艺术家自发组织集聚、政府认可与支持以及政府大力推行等三个阶段。文化集聚区的出现,反映了城市文化战略从组织大型文化事件所关注的偶然性、专门性文化消费,到锁定城市空间的综合性、持久性文化经济策略的转变[27]。

文化地标系统的强化这一空间特征出现的原因主要源于两个方面,其一是城市形象塑造和感知系统建设的结果,其二是大型文化事件演绎和大型文化基础设施建设构成的结果。例如,感知系统的建设通常采用了凯文·林奇的理论,主要着重于五大要素的塑造,如南京对火车站、滨江地区进行了新的美化整饰,对历史轴线进行了强化等。大型文化基础设施建设通常有两种情况:其一是实现城市经济复苏,典型案例是毕尔巴鄂的古根海姆博物馆的兴建,其已经成为毕尔巴鄂的文化标志;其二是与大型文化事件演绎直接关联,典型案例是上海世博会的开展以及杭州 G20 峰会的举办。

城市文化战略使得城市空间具有更可感知性,城市环境得到了极大改善,城市中多种功能可叠加于同一文化空间。但由于城市增长机器这一本质内涵的存在,城市文化战略都具有浓厚的商业味道。这一特征造成的不可避免的后果就是城市文化空间的重新划分,以及随之出现的文化空间隔离。正如佐金所质疑的那样:艺术家和商业服务的

27/ 参见胡江:《北京798艺术区的转型与空间建构——道客巴巴》

扩张,使得曼哈顿成为城市商业与文化之间阈值的始祖,无家可归始终是城市永久存在的问题,在公园、街道、地铁站和几乎所有的公共空间,商业区使市场经济中的阈值问题的矛盾更加凸显:公共空间是每个人都可以占用的吗?抑或它只是私人开发的场地。在这一根本矛盾的驱动下,为了保护某些"文化特权阶层",将一切不合时宜的文化行为都排除在外成为城市文化战略的一大负面行为,最典型的是上海的淮海路和南京路,为了打造东方魅力街,对洋品牌给予热烈欢迎而对国内品牌予以谢绝,这一自我矛盾的行为,不知如何能让人在洋品牌充斥的街区中体验到所谓的"东方魅力"。

(二)拉动经济增长

从短期正面效果来看,城市文化战略的正面经济效应通常表现在四个方面,即拉动经济的快速发展、促进城市就业岗位增加、促进城市产业结构转型、扩展城市文化消费市场。

城市文化战略拉动经济快速发展的直接原因是城市文化创意产业的发展,文化创意产业的巨大经济附加值特征以及强大的带动作用是其高回报经济收益的直接原因。例如,研究显示:文化产业的重要构成部类之一的会展业具有 1:9 的带动效益,即展览场馆收益如果是 1,相关的社会收入将高达 9。文化创意产业拉动经济的快速发展主要表现在对国民经济总量的贡献以及自身的较高的增长率上。

城市文化消费市场的扩展不仅源于城市文化战略对于城市居民文化消费的刺激,还源于当前人类需求的普遍高级化。如兰德里通过实地调查,得出结论:创意阶层喜欢居住在能够提供较为频繁的音乐、艺术、体育活动的城市,同时希望能够提供酒吧、小剧场、书店、咖啡店以及电影院等各种文化消费空间。

而城市文化战略在经济方面表现的负面效应在于文化产业的发展,无疑将吸纳巨大的劳动力,但是问题在于劳动力结构具有明显的高级化趋势,这主要源于文化产业对于高级人才的需求。而对于没有一定文化、技术的就业者来说,文化产业的发展并非好事,对其来说可能具有灾难性后果,即造成其结构性的失业。

(三)增加社会影响力

城市文化战略的社会最直接表现是引起明显的社会关注,例如媒体播报、网络流行等。其次较为可感知的是城市居民认同感和归属感的增强,城市人才集聚等。而城市文化社会效应最为深刻的方面则通常具有隐性特征,其隐性效应通常表现在那些最为深刻的方面,例如城市居民观念的改变、生活方式的变迁以及城市精神的塑造等。但这些方面需要长时间的累积与沉淀才能显示可寻之迹。

在当前情况下,社会关注度的提高主要源自城市大型文化事件的组织策划,典型的案例是北京奥运会的举办。如 2008 年北京奥运会开幕式,仅中国就有约 8.4 亿人观看了开幕式,而美国收视率也达到了 21.5%,仅次于之前在美国举办的亚特兰大奥运会。另根据全球知名媒介和资讯机构尼尔森在全球 37 个国家和地区所收集的数据表明,从 8 月 8 日至 8 月 24 日收看北京奥运会的观众达到了 47 亿人,约占全球人口的 70%,比雅典 2004 年奥运会的 39 亿观众数增加了约 21%,比悉尼 2000 年奥运会的 36 亿观众人数增加了约 31%。在社会关注度提升的情况下,也必然伴随着城市知名度的提升。而一个成功的大型文化事件则能在世界范围内建立良好的国际形象,为吸引投资和旅游埋下伏笔。截止 2017 年,9 年内鸟巢已累计接待中外游客超过 3000 万人次,举办各类比赛、演出活动 290 余场,年营业收入超过 2 亿元人民币,连续多年实现盈利。

第二章

城市形象的多维度分析

第一节 人间维度

一、人是城市的初始与归属

　　人聚成群，众居而成社会，生生息息。人间，就城市形象而言，是将人的形象塑造置于城市现代化的整体背景之下，与人的一切活动相联系所呈现的面貌。

　　市民是城市品牌形象最直接的体验者和检验人。由于他们身居城市，其日常生活、起居饮食本身就是对城市品牌的亲身体验。同时，居民本身就是城市最大的、最稳定也是最持续性的消费群体，他们对城市形象的感受度和满意度是品牌形象识别最重要的组成部分之一。

　　城市形象的建设需要将城市受众的感知放在第一位。营销学家Aaker（2006）认为品牌是关于产品或者服务的、是企业在公众头脑中通过各种活动共同作用并生成一系列独特联想的功能、情感和自我表现等战略性（识别）要素的多维组合[28]。从顾客的视角来看，品牌被认为是顾客对价值和质量的感知，是联想和感觉的集合[29]。由于品牌存在于顾客的头脑之中，品牌管理者就需要重视顾客的感受和顾客对品牌的各种评价。甚至有一些研究者认为城市品牌与产品品牌相比，城市品牌的主观性更强。城市的顾客也就是城市的"受众"，常常根据搜集或者感受到的各种各样城市信息以用来衡量与评价这个城市的存在。

　　一座活的有生命力的城市必须是以人为本的，城市发展的关键是人既城市的主人，又是城市的体验者，也是城市的创造者。人是推进城市发展的核心，是城市化进程中最具活力和最富有创新能力的细胞。城市需要为人的生存质

28/ 参见 Aaker DA, *Building Strong Brands*, **Brandweek, 2002, 58(2):115–118**。
29/ 参见 **Kavaratzis, M., & Ashworth, G. J.** , *City Branding: An Effective Assertion of Identity or a Transitory Marketing Trick*?. **Tijdschrift Voor Economische En Sociale Geografie, 96（5）, 506‐514**。

量创造条件,城市也应该成为人类创新和创造的温床。人的生活、工作等往往与城市的发展密切互动,城市的个别社会底层群体为了证明自己的价值,愿意把自己与城市联系在一起。在打造城市形象的过程中,仅仅关注这个城市的资源是什么、优势是什么是远远不够的,一定要在此基础上考虑城市的"人"需要什么样的资源、什么样的特色、什么样的优势。无论是对产品品牌,还是对城市品牌形象来说,最重要的东西就是受众眼中的城市形象应该是什么样的。真正的城市品牌是存在于城市受众的内心和想法中。如同凯文·林奇所说,"城市不是为某一个人建造的,而是服务于众多背景、性格、职业、阶层都不同的人"[30]。城市品牌的主体消费者是所有曾经、现在或潜在的居民、求学者、投资者和观光者。这一庞大的群体决定了城市品牌建设的复杂性和艰巨性,即它必须对不同层级、不同背景、不同关联度的人群提供一个统一化的、一致性的、具有辨识力的意象,使得任何人都能够在相似的语境中能通过特定的符号联想到该城市形象本身。

城市形象是市民的骄傲,也是一种潜在的精神动力。良好的城市形象可以培养市民对城市的一种归属感,可以把市民的命运紧紧地与城市发展相联系,促使市民为城市的发展作出贡献[31]。通过对城市自有资源和未来发展方向的整合(形象定位),通过城市软件环境建设、城市硬件环境建设、城市内部品牌塑造,以及城市整合传播与宣传等(传播渠道),作用于城市居民、求学者、游客、投资者等内外部关联人(接受者),使他们对城市的心理认知与品牌形象融合,从而逐步树立起城市的知名度和影响力。

二、人间生态圈是城市的行为文化主体

人是一种生成的存在物,人的活动是城市的可变元素。自然人是人生成的基础,社会人是人生成的状态,文化人是

30/ 参见张鸿雁:《城市形象与"城市文化资本"论——从经营城市、行销城市到"城市文化资本"运作》,《南京社会科学》,2002年第12期。

31/ 参见《东莞市提升城市文化形象问题研究》,21,第2页。

人生成的理想,这三种特性共存于每个现实的个人身上。人作为一种有目的的存在物,人的生存目的首先是谋生,保证自身物质的存在,在生存的基础上,人还要追求精神文化,而文化的创造是无止境的[32]。

一切城市形象的塑造或多或少地体现人的需求,又规范人的社会与生活空间,同时,城市形象的成功又离不开人活动的反作用。

三、"天人合一"的城市生态观

城市是人赖以生存发展的空间,是受到人为活动影响的生态实体。就城市形象塑造而言,从生态的角度看,城市是特定地域范围内以人的精神为主导,以城市空间为依托,以时间流动为载体,以城市文化为动力,以社会体制为经络,由整体系统构成的人工生态综合体,是一个开放的社会生态和自然生态两重含义复合的生态系统,是人与自然"共生思想"在城市发展中的具体体现。

社会生态和自然生态将人、城市和地球三者环环相扣,这种关系贯穿了城市发展的历程,也将在未来日益融合成为一个不可分割的整体[33]。

第二节 空间维度

一、城市的物质空间

空间,从城市的物质属性而言,包括宏观空间和微观空间。宏观空间是指城市的整体布局,如常见的网格式、蛛网式、星状式、群聚式、圆环式、条状式等形式的地形与地貌,包含了城市在地域上的分布构成,与自然环境的关系、城市的几何形状、城市的格局、城市的交通组织功能分布、城市

32/ 参见王德军:《论人的文化生成》,《商丘师范学院学报》,2006年第6期。
33/ 参见蔡璨:《生态设计——以主角的身份登上世博会的舞台——浅谈2010年上海世博会的生态设计及展望》,《才智》,2011年01期。

的形态演变等布局形式等；微观空间是指城市圈以及城市圈中的建筑、城市家具等公共设施的整体布局。

城市空间的立体化。传统城市是沿着二维平面而生长的，街道、广场、园林等城市空间主要在城市地面上发展，城市的各种分项系统分别占据城市土地的二维平面[34]。在城市空间体系日趋复杂的今天，城市的立体化设计趋势试图在三维的城市空间坐标中延展，建立更多、更新的立体空间，做到城市空间的多维度综合利用。

整合后的城市环境呈现着立体化、多向度的穿插和层叠。城市空间的复合化是指一个空间单元同时具备建筑个体空间和城市公共空间的双重性质和双重归属，是目前城市空间复合化发展的趋势[35]。城市复合空间由建筑内部使用者和城市公众共同使用，不同归属的建筑空间单元分别与城市公共空间相连，在各自保持其相对独立性的同时，又构成了彼此延续相通的关系。

城市空间的运动性。将城市空间纳入一个完整的动态演变体系中，多属于以人文地理学和自然地理学为理论基础的描述性研究。城市交通空间涉及城市交通系统、公共导向信息系统、城市公共设施等众多子系统。对于城市来说，连接各个城市空间的街道和交通工具日益成为一个重要的舞台（见图 2-1），是城市与外界接触面最多、最广的地方，也是展现城市形象的重要窗口之一。

图 2-1 纽约城市交通

34/ 参见王德军：《论人的文化生成》，《商丘师范学院学报》，2006（6）。
35/ 参见蔡璨：《生态设计——以主角的身份登上世博会的舞台——浅谈 2010 年上海世博会的生态设计及展望》，《才智》，2011（01）。

二、城市的社会空间

空间，从城市的非物质属性而言，是作为一种社会与文化存在形式的社会空间，从社会学的意义上赋予城市空间以政治、文化、时间、结构等含义。城市每一天都在创造新的空间意义。空间结构理论虽然是从区域规划角度来研究区域空间结构的，但是，城市结构的区域空间，是城市社会结构的空间体系，城市所有的集聚与扩散的空间构成及城市的社会结构空间。

除我们熟悉的市场空间外，还有城市人的社会空间、邻里空间、交往空间、居住空间、户外空间、交通空间、公共环境空间、可群体集聚的公共空间及私密空间等，每一类空间都因其生态意义而构成空间的社会价值与需求。空间的本质是时空的延续，城市空间是多样化和多元化的，在城市中找寻生存空间、发展空间、创造空间等，创造新观念空间，使城市空间的意义隽永流长。

空间是一种为人居住的场所，随着时间的推移，积淀如今具有了更多的意义[36]。一个良好的城市，包含着多种多样的空间，这些空间是平等的、开放的，具有社会整体意义的，能很好地表现城市社会空间的共享意义。

三、城市的流动空间

城市的流动空间是基于当下信息化、网络化和全球化的城市虚拟空间。信息时代打破了传统的空间概念，数字化和信息化的发展催生了网络社会的崛起，电子多媒体的互动性，给予人一种全新生活的可能性，这种信息的发展也在转化着时间和空间，是城市可持续发展的基础，更是城市形象塑造的新领域。

36/ 参见刘海滨：《认知理论对现代城市商业步行街景观设计特色建构的作用研究》，江南大学硕士学位论，2007 年。

第三节　时间维度

一、城市过去时间、现在时间、未来时间的"通时性"

虽然城市是一个比较现代的概念,然而,城市从出现到现在已经有几千年的历史。历史的变迁,时间的磨砺一定在城市的发展和兴盛过程中起到独特且重要的作用,在城市的演变历程中也一定有时间的痕迹,这种历史的变迁和岁月的履痕对城市的经济和环境等必然产生过重大的影响。

时间,就城市而言,是城市的过去时间、现在时间和未来时间。一个城市,各个时期有不同的建筑风格,沐浴时间的风雨,成为"凝固的音乐",呈现建筑的多样性和差异性价值,也显示了这个城市的记忆。城市名称也是城市的一个记录,不同时期的名称,显示了这个城市的历史变迁,与之相应,城市中的地名、路名,也是遗存的一部分。

城市的建筑、广场、街道、桥梁、居家庭院,以及商业招牌等符号和象征的叙事可以被"阅读",作为城市"物"的外部表象,其背后还隐藏着"事"的内部情况,积淀了每个时期的思潮或精神。一个城市的兴起、发展、壮大乃至衰落,都是一个时间的过程,这个过程就成为这个城市的历史(图2-2、图2-3)。

城市的现在形象是对城市现在时间的"今"的审视。城市是生态中的城市,作为一个极为复杂和敏感的生态系统,城市如同巨型的容器一般,不仅为城市自身设立合理发展的限界,也为在其中所发生的事件设立着展示的舞台[37]。对于城市"今"的认知,一方面,城市需要更多认识和创造自身的资源,认识城市发展的国际资料和国内背景、城市的发展条件和基础、城市的产业现状和区域地位、城市与其他

37/ 参见陈李波:《论城市景观审美的历史感》,《郑州大学学报:哲学社会科学版》,2006(4)。

图 2-2 贵州黎平县翘街古城

图 2-3 东京县城古街

相关城市的关系,以发展比较优势,增强竞争能力。另一方面,现代城市发展已进入经济全球化的时代,城市比以往任何时候都需要以全球视角来审时度势,发掘并利用新的资源。

城市的未来想象是对城市将来时间的展望。未来的城市是复杂的城市,城市也在不断地生长之中。城市在时间重复节律和渐进的、不可逆转的变化中流逝。城市的过去已经定格了,而将来却是未知的。对于城市的未来面貌的憧憬,也是基于城市的过去与现在的环境的可持续性,运用文化力、创意力和设计力,让城市更"美"。

二、城市"时间边疆"的开发

城市随时间的变化,不仅包括城市景观因一天时间的变化而产生的"形象"变化,还包括各种人文活动的变化。对任何一个观察者而言,认识城市的过程都是需要时间的,即城市形象在人的大脑中形成是需要时间的。

城市环境在一天中的不同时段以不同的方式被人们感知和使用。首先,由于人们在时空中的活动是不断变换的,所以在不同时间,城市环境有着不同的用途。城市形象的设计者需要理解城市空间中的时间周期以及不同活动的时间组织。其次，尽管城市环境随着时间在无情地改变，但保持某种程度的延续性和稳定性也很重要。再者，城市环境随着时间的更迭在变化，同样，城市形象的设计方案也需要随着时间的更迭而逐步更新。

人类虽然不能创造时间，但是可以通过更为有效地利用二十四小时的时间，尤其是夜晚，获取更自由、更多样化的时间从而相对摆脱时间的束缚。

我国正处于城市化加速发展的阶段，开发城市的"时间边疆"，将城市的时间因素更好地整合在空间中，实现时间因素与空间因素的有机结合，使城市活动在时间上交错利用。以时间换取空间，达到最大的使用效率。城市的夜生活也是开发"时间边疆"、创造思维财富的方式。

另外，"时间边疆"的开发，对解决空气污染、噪声污染、热岛效应等都有较好的效果。进入现代社会的城市，在时间流变中积淀鲜明的时代特征，这种丰富有序的城市时空结构有助于构筑良好的城市形象。

第四节　城市形象美学

一、城市美学理论

在现代城市建造的过程中，光靠合理地解决居民的简单生活需求已远远不够，人们还需要更高层次的精神生活品质和优美的城市环境。将城市的整体形象作为一件艺术品来进行思考，这一思想已经能够为人们所普遍接受，怎样建立城市整体的视觉美学原则，体现出美的城市形态。同时激发观赏者愉悦的心理感受，也成为城市形象塑造的重要目标之一。城市美学的进一步发展和完善，为对城市形象的研究奠定了理论基础,对当前的城市建设起到了重要的指导作用。

美学,传统上被认为是哲学的一部分,它主要包括对艺术以及和艺术相关的某种经验式的理论研究。它是一门内容涵盖十分广泛的学科,涉及自然、艺术之美等。它来自人类感觉认知方面的诸多内容,包含对艺术哲学、艺术批评、艺术心理学、艺术社会学等问题的研究。

城市美学是在美学研究的基础上发展起来的,以探寻城市美的本质为主要内容的一个系统理论。它是随着城市建设的不断深入逐渐形成的,主要是针对城市中物质形态元素进行美学探讨的理论体系。城市美学研究的内容,包括城市的物质形象特征以及透过物质内容所传达出的精神感受两个方面。

当前,一些学者已经展开了对城市美学系统理论的前期研究工作,这些相关理论主要是从美学的角度分析了城市中各形象元素的组合关系以及城市形象美的表象特征,他们将美学中富含哲学性的理论框架与城市形象建构原则相关联,以寻找建设城市形态美的客观规律。城市美学的研究为拓展和完善城市形象理论提供了新的视角,也是城市在建立独特的、具有美感的形象体系中不可或缺的重要理论基础。但是,目前对于城市形象的美学理论研究尚处在启蒙阶段,这种简单地将哲学中的美学原则套用在城市形象建构上的研究方法,还存在着严重不足。

在城市美学的研究方法中,主要存在两种手段,即对事物的科学认识和直观认识。前者是源自科学的认知方式,是通过逻辑推理得出的科学方法;后者是非科学的认知方式,与人类情感密切相关。这两种认知事物的方式是探讨城市美学的主要入手点。但是,仅靠科学的方式来分析城市形象依然很片面,还需要依靠对直观体验的把握。一切事物都是客观存在的现实,它们同时与人的主观感受有着密切的联系。这种基于人类情感的认知手段,是形成城市精神内涵的重要支柱,它从美学体验的角度对城市空间形态的美感建构展开更深层次的探寻。这两种方式相互配合,彼此兼顾,是建立城市形象美学原则的主要途径。

城市美又具有美学中的"普遍性",当我们看到比例协调、造型匀称、尺度合理、层次分明的形象元素时,都会产生美的感受。由此可见,在城市中,各种城市形象要素所体现出的和谐美感便构成了城市美的典型特征。

二、城市形象艺术

城市形象是以探讨城市内部可辨析的形态元素及其内涵为主要内容的城市研究课题,它是通过物质形态塑造建立城市视觉形象体系的。可以将城市形象建构视为一门城市空间中的造型艺术。

城市形象艺术是一个较为抽象的概念,然而其内在本质所展现的内容常常是通过不同的具体形式体现出来的。恰恰是通过这些表象的形式特征,城市才能传达出形态各异、特色鲜明的艺术建构原则。城市形象的构成要素是反映城市形象艺术的主要表现形式,其不同的构成和组合关系成为感受城市最重要的视觉元素。建构城市建筑和空间组织以及其他构成要素的艺术特征,是完成城市艺术形象建设的典型手段。

(一)尺度

在城市中,任何实体形式均具有一定的尺度。建筑的宽窄、进深和高度,道路的宽度和长度,围合空间的大小等,这些尺度不一的形象元素构成了城市的整体特征。城市形象的艺术原则不仅体现在单体形象尺寸的合理以及美观上,不同体量实体之间的相互对比或统一关系也是构成城市艺术特色的主要特征。例如,巴黎旧城区的街道保留了传统的尺度关系,形成了城市的艺术特色。同时,巴黎也是把历史文化与现代文明结合得最好的典范。美国著名学者刘易斯在谈到巴黎之所以能够支配法国的历史，主要在于巴黎在城市的发展进程中，总能把代表它们文化的建筑留传给后代。这也充分体现出巴黎是有记忆和有文化的城市精神。正是因为老的东西能够得到精心保护，新的东西不断增加，城市的文化内涵也越来越丰富[38]。

巴黎已形成了中心低、外围高、整体平缓统一的空间形态特点，规划采取了常见的高度分区方法，主要按照 25m（6～8 层）、31m（8～10 层）和 37m（10～12 层）三个高度对建筑物进行最大高度控制，个别地区甚至按照 18m（4～6 层）的高度进行控制。

规划沿用了始于 1784 年路易十六时期的技术方法，综合考虑建筑日照采光和建筑视觉干扰的要求，以及建筑与建筑之间和建筑与街道之间的三维比例关系，针对街道两侧的建筑、地块边界两侧的建筑以及同一地块上的相邻建筑，按照街道（空地）宽度与建筑檐口高度之间的一定比例关系以及檐口以上部分的建筑后退，划定建筑体量的外轮廓线，在控制建筑体量轮廓的同时，也成为对建筑最大高度规定的重要补充。在建筑体量的外轮廓线以内，建筑设计可以根据结构特点和风格喜好，采用坡屋顶、平屋顶退台等不同方式，以便在保持特定建筑体量的前提下形成建筑形态上的细小变化。这一始于文艺复兴后期的规划控制技术手段具有鲜明的巴黎特色，为保持和延续巴黎在街道尺度、街道景观和空间肌理方面的风貌特点发挥了重要作用（图 2-4、图 2-5）。

（二）形态

传统艺术城市对于建筑形态和空间布局的要求极为注重，大量的装饰细节丰富了城市空间的艺术特色。这主要是由于古典建筑建设周期漫长，在其中加入了大量的雕塑

38/ 参见新浪微博——小漂回来的博客：[法国] 巴黎，最具有人的尺度的城市（一），2009 年。

图 2-4　巴黎旧城区街道

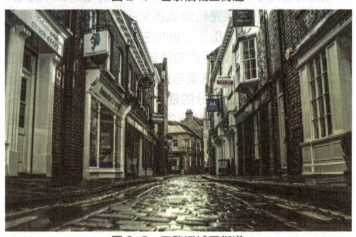

图 2-5　巴黎旧城区街道

和壁画等艺术作品,渲染了城市的艺术氛围。以米兰大教
堂为例(图 2-6),它的建设过程不可思议地历经了五个多
世纪,它不仅是米兰的象征,也是米兰的中心,教堂的特点
在它的外形,尖拱、壁柱、花窗棂(图 2-7),有 135 个尖塔,
像浓密的塔林刺向天空,并且在每个塔尖上有神的雕像。
教堂的外部总共有 2000 多个雕像(图 2-8),甚为奇特。
如果连内部雕像总共有 6000 多个雕像,是世界上雕像最多的哥特式教堂，因此教堂建筑显得格外华丽，颇具世俗气氛。

（三）色彩

城市的色彩搭配更加体现了城市形象艺术的思想，在由不同颜色构成的城市形象体系中，其整体面貌给人带来的印象完全就是一件空间艺术作品。到过威尼斯的人，一定会对那些由纯度极高的色彩粉刷而成的建筑立面记忆深刻（图2-9）。威尼斯的建筑讲究第五立面，威尼斯的五面色彩十分统一和谐，以红色覆盖衬以少量的公共白色穹顶（图2-10），从而形成整个威尼斯的基本色调。相邻建筑利用不同颜色的间隔，形成了强烈的视觉印象，增添了城市的整体艺术风貌。要强调城市的整体色彩特征，并不是只增加城市的色彩才能达到的艺术效果，更重要的是要取得一种协调。老北京城灰色的建筑立面（图2-11），构成了中国古典城市典型的视觉特色，同样也传达出极高的艺术品质。

图 2-6　米兰大教堂

图 2-7　米兰大教堂花窗棂

图 2-8　米兰大教堂雕塑

（四）材质

材质是城市形象细部特征的重要体现，不同材质的配合处处反映着城市的细节和精致程度。一个具有艺术品质的城市，不仅要有宏观上的和谐布局，更要有微观层面中外部材质的丰富变化。只有对城市形象构成要素之间的材质关系进行统筹考虑，才能更好地满足视觉观赏效果。此外，完美的材质组合与色彩一样，并不在于种类和数量之多，它们之间的相互协调性和一定的统一性才是形成整体艺术特色的重要手段（图2-12、图2-13）。自然绿植与建筑的有机整合，将建筑立面充当了一个室内与室外的中间介质，净化空气的自然绿植为室内气候提供了更好地保护与调节，此类垂直花园型住宅，基于绿色环保理念很好地符合了印度的炎热气候特征，开放的公共空间为建筑创造了空气自然对流的条件，从而降低空调的使用。

图2-9　威尼斯的色彩

图2-10　威尼斯的白色穹顶

图2-11　老北京胡同

图 2-12　印度垂直花园住宅外部结构

图 2-13　垂直花园住宅内部流通空间

（五）感受

　　良好的视觉和心理感受对于建立城市艺术形象有着极其重要的作用，任何试图创建艺术特征的城市建设，都不应忽视表现其内部所蕴含的丰富意义。澳门旅游博彩业近半个世纪都十分繁荣，成为澳门经济、文化的重要组成部分。奉行多元经营理念的澳门威尼斯人度假村设有三千间豪华客房及大规模的博彩、会展、购物、体育、综艺及休闲设施等，以意大利水都威尼斯为主题，酒店内充满威尼斯特色拱桥、小运河及石板路，充满了浪漫狂放的异国风情，游客可乘坐威尼斯的小船，饱览沿岸景色。威尼斯人奢华的视觉心理感受与澳门特有的博彩城市标签在方方面面都很好地契合了起来，威尼斯人度假村也因此被视为澳门旅游博彩业一个新的里程碑（图2-14）。

图2-14　澳门威尼斯人度假村

三、城市形象美学的建构

（一）城市外在美的体现

　　城市外在美感的体现，主要依赖于具体物质形态之间相互关系的表达。城市艺术形象体系也反映在各构成要素之间的尺度关系、色彩系统、材质属性、形态类型以及人的感受等方面。在对艺术作品的分析中，往往将抽象形式之间的整齐一律、平衡对称、符合规律与和谐作为判断艺术美的标准。同时,对于形式之间的关系也作了相应的分析,利用重复、节奏、对称和平衡等手段,也能创造出美的形象感觉。

要取得平衡对称,不在于形式的一致和重复,而在于必须要有大小、形状、位置、色彩等方面之间的差异性,并将这些差异以一定的、一致性统一起来,而各要素之间的协调一致关系,是达到和谐美感的重要途径。

(二)城市形象中内容的重要性

前面曾经提到过,城市形象包含了外在形式和内在精神内涵两个要素。如何展现城市形象中的丰富内容,也成为表现其艺术内涵的重要手段。此外,形式和内容不可能孤立存在,它们常常表现为一种统一的关系。

第三章

城市色彩与城市文化

　　色彩，是大自然中最重要的组成元素之一，也是人类感知这个世界的最重要的途径之一。城市，是人类的生存环境和活动场所，人类的存在和发展都要依赖于城市。城市色彩，是城市环境的重要组成部分，对城市色彩规划编制的研究，是在城市快速发展的大背景下提出来的。本章即对城市色彩的现状与发展进行细致的研究与分析。

第一节 城市与城市色彩

一、城市色彩的概念

城市色彩,是指城市物质环境通过人的视觉所反映出的总体的色彩面貌。城市色彩的感知主要基于人们对于城市物质空间和相依存的环境的视觉体验,城市建筑的总体色彩作为城市色彩中相对恒定的元素,所占比例很大,是城市色彩的主要组成要素。

通常,城市规模越大,物质环境越复杂,人对城市的整体把握就越困难。城市的地域属性、生物气候条件、作为建筑材料的物产资源以及城市发展的状态对于城市色彩具有决定性的影响,世界城市所呈现出来的色彩格调都和这种影响有密切联系。而文化、宗教和民俗的影响,进而使这种差异变得更为鲜明而各具特色。如德国人的理性、严谨、内敛、坚毅,意大利人的热情、随性和外向,中国人的含蓄、淡

图 3-1 布拉格城市屋顶

泊、随和、包容,还有拉美人的热烈和奔放,都在他们的城市色彩运用中得到了充分的体现,同时也很好地展现了地域人文特色。而具有相近地域条件的城市,一般也具有相类似的色彩面貌(图3-1~3-4)。

图3-2　布拉格黄金小路

图3-3　摩洛哥舍夫沙万

图 3-4　荷兰格罗宁根

二、城市色彩的性质与功能

（一）城市色彩的性质

1. 地域性质

地域性,是地理学中的常用概念之一,是指不同地域的自然环境和社会文化在发展过程中所体现的地域差异和组合特征,并随着空间、时间的变化而相应变化。城市色彩的地域性,决定了一个地区特有的色彩风貌。这种色彩文化由当地居民创造,世代传承并表现在城市建筑中。不同的国家或地区拥有不同的区域色彩,其城市建筑的色彩也各具特色。

色彩学是研究与人的视觉发生色彩关系的自然现象的科学,而地理学本是以地球表面为研究对象的自然科学。色彩学和地理学的"联姻"催生了一门新兴的边缘学科——色彩地理学。朗科罗的"色彩地理学"以地理学为基础,纵观不同的地域环境中奇特的色彩现象,研究并探索其对人种、生活、习俗、文化传统等方面的直接影响。这些因素催生了不同的色彩表现形式,因为不同的地理条件必然形成特定形态的地域环境,不同的地域环境又会形成不同的气候条件,从而影响不同人种的生活习俗,乃至形成不同的文化传统。从特定的地域环境、气候条件、人种、生活习俗、文化传统等方面研究色彩现象,不难发现,生态环境和文化习俗间的差异和不同的组合方式,催生了具有地域特色的色彩风貌。

气温和光照首先直接影响着人对色彩的主观感受以及由此产生的生理和心理反应。就气温而言,热带地区的长期高温使人们更易接受素雅、安静、平和的色调,如高明度的冷色系和无色系。相反,寒带地区的人们则更喜欢从视觉上感受温暖、热烈的暖色系。就光照而言,在阳光照射下,暖色系相对于冷色背景在视觉上显得更靠前,建筑和环境的形象也更为突出[39];而在阴天或光照不强的情况下,冷色系显得更加饱满并引人注目,暖色系则趋于沉静与平淡。

降水的多少除了影响一个地区自然环境的风貌以外,对景观色彩带给人的感受也有重要影响。对自然风貌的影响表现为:多雨地区气候湿润、树木茂盛;少雨地区空气干燥、植被稀少。对人的视觉感受的影响表现为:降水天,光照度降低,天光呈漫射状态,建筑材料固有色的还原度降低,因此呈现"灰"的色彩特征。雨天空气湿度较大,空气透明度降低,物体色彩的彩度也随之降低。温度对城市色彩的影响多表现为:多雨地区的外部环境色彩易受雨水洗刷,也易受水汽侵蚀,容易使建筑、环境的彩度降低;在中国长江以南的多雨环境中,人们的心境一如接受了雨水的洗涤,更倾向于浓绿背景下白墙青瓦所形成的清淡雅致的格调[40]。徽州的大部分古村落都是齐刷刷的黑瓦白墙,飞檐翘角的屋宇随山形地势高低错落,层叠有序,蔚为壮观[41]。众所周知的紫园山庄——各种各样的建筑物规划严整,排序井然。让驻足其间的游人耳目一新,肃然起敬。建造宅第时往往因陋就简,就地取材。在坚固实用、美观大方的基

39/ 参见史爱明:《环境色彩设计的评价与管理》,东南大学硕士学位论文库,2007年。

40/ 参见史爱明:《环境色彩设计的评价与管理》,东南大学硕士学位论文库,2007年。

41/ 参见陈蓓:《徽州传统民居构件在现代室内设计中的运用》,合肥工业大学硕士学位论文库,2007年。

础上寻求朴素、自然、清雅、简淡的美感。因此，徽州少有富丽堂皇的豪宅华堂是不难理解的。以当地丰富的黏土、石灰、黟县青石、水杉为主要材料建筑的徽派民居构思精巧、造型别致、结实美观。远远望去，清一色的黑瓦白墙，对比鲜明，加上色彩斑驳的青石门（窗）罩和清秀简练的水墨画点缀其间，愈显得古朴典雅，韵味无穷，清淡朴素之风展现无遗[42]。

此外，多雪对空气中的湿度和色彩在视觉上有一定的影响，也会出现城市色彩基调临时性改变和低温的现象。该类地区往往采用复合式的色彩应对策略，建筑更多地采用暖色调，以适应、映衬多雪的环境。需要说明的是，目前影响许多城市生态状况的雾霾天气，不仅对城市环境的色彩视觉产生障碍性影响，还对人体健康造成严重的危害。因此，中国不少地区将雾霾天气作为灾害性天气预警预报。

特定的地理环境决定了特定的城市空间形态，建筑显然是这个特定空间中的主体。这些建筑的形制、材料以及筑造方式，都与地理环境紧密相关，而这些都是直接作用于城市色彩面貌的重要因素。

人们的色彩倾向受到地理环境差异的影响。地处大漠与地处滨海的城市在色彩选择上有明显的不同。前者的环境特点是：城市空气相对干燥，易受风沙侵袭，自然环境色彩相对单纯，地方材料较为单一。相反，后者的环境特点是：空气清新湿润，又有蓝天碧水的映衬，陆海交通较易开发，材料选择具有优势。地理环境的不同，使城市色彩的成因不同，环境场所的色彩面貌也会不同，人们对环境的审美心理在不同的地理环境中也会有所变化。生活在热带地区与生活在寒带地区的人群，色彩倾向会在明度和彩度上有微妙的差异，后者更愿意在色调上接受中间值。了解这些不同地域的地理差异以及人们对环境色彩的心理需求，对环境色彩的正确评价与选择有很大帮助。关于地理因素对环境色彩的影响，朗科罗拥有独到的见解。他认为："一个

42/ 参见《用艺术触摸皖南深山中 偶遇大观区》，《健康大视野》，2009(18)。

地区或一个城市的环境色彩会因其所处地理位置的不同而呈现不同的面貌。其中,既有自然地理因素,又有人文地理因素。"这里所分析的自然地理因素与之共同作用,形成了一个地区或城市的环境色彩特征,并积淀成地方色彩文化的重要组成部分。自然地理因素是客观的物质存在,人文地理因素是人类相对于客观物质存在而产生的主观认知。从这个意义上讲,自然地理因素在色彩方面对当地人的审美意识产生了影响,而这种审美意识又融入了地方传统和文化,从而丰富了地域性的文化意识形态[43]。

2. 文化性质

文化是地域色彩形成的主导因素,地区或民族之间的差异使文化在城市色彩运用中呈现出不同的面貌。文化是历史积淀的体现,城市环境的存在必然体现了物质与精神的统一。正是文化的这种厚重感以及深层次的影响力决定了其在塑造地域景观方面无可替代的重要性,以及一个地区或民族色彩的独特性。城市色彩所承载的美学信息和人文信息正是连接城市历史文脉和文化特色的一座桥梁。

(1)文化共性

英国人类学家爱德华·泰勒在《原始文化》一书中对文化的定义是:"文化是一个复合的整体,包含知识、信仰、艺术、道德、法律、习俗和个人作为社会成员所必需的其他能力和习惯。"人类对某种文化的理解程度,体现在以上几方面相似的程度中,相似的程度越高,共性就越多。同时,人类所拥有的学习能力使其对不同的文化现象保持开放的态度,从而促进不同文化之间的交流。

人文因素对色彩的影响是基于人类对客观自然的主观认识。而人类对色彩感知的方式存在许多共性,这使具有地域特色的城市色彩被更广泛的人群所欣赏。人类对色彩感知的共性部分,是一种超越地区、种族与文化范畴的生理、心理反应。但当这种反应过程持续进行时,更为复杂的

43/ 参见史爱明:《环境色彩设计的评价与管理》,东南大学硕士学位论文库,2007年。

因素将产生影响，比如民俗习惯、民族性格、宗教信仰甚至地域与气候等，从而形成共性与地域性的差异。对人类色彩感知共性的认知是研究一个地区或城市色彩的基础，以此为起点，促进对地域色彩的全面理解。

（2）民俗文化和传统文化

色彩基于人的生理和心理所产生的效应虽然存在一定的共性，但也会因为不同的地域文化与传统习俗的影响而形成较大的差异；同样一种色彩相对于不同地域或民族拥有不同的象征意义。同时，不同的地域和民族又因习俗的不同而崇尚和偏爱不同的色彩。中国人视红色为吉祥、喜庆之色，视黄色为至尊之色。而一些地区对色彩的解读却有不同，在基督教中红色代表圣爱，在殉难日里则象征基督的血。在以色列，历史原因使黄色拥有不祥之义。在中世纪，居住在世界各地的犹太人曾被强制穿黄色的衣服。后来，在"二战"中，针对犹太人的种族清洗期间，纳粹分子用一颗黄色的六芒星来标志犹太人。在所有德占区内，6岁以上的犹太人必须佩带一个印有黄色六芒星的袖章，因此，黄色被犹太民族视为屈辱的象征。在日本，给初生的婴儿穿衣服要用黄色，给病人做的被子要黄棉花，是自古以来就有的风俗，这是因为黄色被认为是阳光的颜色，可以起到保温的作用。

不同的民族与文化传统形成了不同的传统用色习惯，首先源自自然地理条件的差异而使用的当地建筑材料和因技术工艺不同而形成的建筑形式，更深层次的原因实际上是经济基础、社会制度、思想观念、文化艺术等人文地理因素的潜在影响。这些因素塑造了不同的民族性格，造就了不同的文化取向，体现了不同的色彩追求。例如，荷兰人思想开放，性情平和，同时荷兰又是一个强调自由与平等的国家，因而对缤纷色彩的喜爱正是其民族性格与文化取向的反映。英国人因其特殊的岛国地理条件和历史文化基因，形成了端庄、内敛、严谨的性格特征，其城市建筑色彩也呈现出与荷兰截然不同的面貌。深入了解和研究传统色彩形成的文化环境,可以为城市色彩规划提供必要的依据。

（3）时代特征

从城市发展的历史来看,使用当地建筑材料、采用传统工艺是形成地域色彩的根本原因。由于交通、信息条件的制约,不同地域的城市在发展初期主要使用当地建筑材料,并根据这些材料形成相应的生产技术和加工工艺,从而形成具有地域特色的建筑样式和城市色彩。由于科技的不断进步,以及交通、信息和生产技术能力的发展,城市建筑材料的选择半径也在相应扩大,这使各种具有地方特色的建筑材料不断地被应用于其他城市。同时随着新材料、新技术的不断开发,物美价廉的人工材料层出不穷,为城市建筑色彩的表现提供了更多的机会,科学技术在丰富建筑色彩的同时也对传统建筑色彩产生了冲击。就单个城市而言,在色彩多元化的同时,地域特色也在相应地减少。如何在科技发展过程中实现城市地域特色色彩的可持续发展,是目前城市色彩规划工作的新课题。

当社会发展到不同阶段,社会的主流思想都会反映在这个时期的城市建筑中,因此建筑色彩不可避免地产生相应的变化。不同年代的城市建筑色彩的形成都对当时社会意识有一定的反映,而这些社会意识涉及宗教、政治、文化等领域,并通过建筑最终反映在相应的城市环境色彩中。这类建筑至今存在于世界上的各个历史城市中,它们带有明显的时代特征,并构成了这些城市的历史风貌。

（二）城市色彩的功能

1. 识别功能

在视觉环境中,色彩的易感知性被广泛应用和接纳。城市设计通过色彩来组织复杂的视觉秩序,创造有条理、易识别的城市形象,营造安全有序的公共环境和功能空间。

这就是色彩在城市中所具有的识别功能。

（1）等级识别

回顾中国历史，色彩长期具有传达等级信息的作用。《春秋》有云："楹，天子丹，诸侯黝垩，大夫苍，士黈。"这使建筑色彩的使用开始具有封建等级意义。此后历代王朝均沿袭了以色彩作为等级制度的一大象征的传统，即使在少数民族统治时期也不例外。明代修建彩画十分普遍，朝廷也对建筑色彩的使用有了十分具体的规定。明史记载："亲王府四城正门以丹漆金钉铜环；公王府大门绿油铜环；百官第中公侯门用金漆兽面锡环；一二品官门绿油兽面锡环；三至五品官门黑油锡环；六至九品官门黑油铁环，庶民不许用彩色"。

可见，在中国古代城市中，凭借建筑的不同色彩即可甄别其建筑主人的身份，这也体现了以色彩区分尊贵的封建体制特征。这种传统并不仅存在于中国，象征权力或财富的建筑材料与色彩的运用，在世界各地都有记载。虽然由于文化的差异，色彩的选择会有所不同，但都体现了色彩的等级象征意义。

南京明孝陵（图 3-5）的建筑选用了高等级的红、黄等色彩，与皇帝生前使用的宫殿色彩一致，建筑通过色彩昭示了主人至高无上的地位，延续了中国色彩等级制的传统。随着时代的变迁，这种传统在辛亥革命之后发生了根本性的改变。民国时期在建造南京中山陵（图 3-6）时，鉴于孙中山作为民主革命先行者的身份，设计师吕彦直摒弃了具有封建等级意义的色彩，而以蓝色和白

图 3-5 南京明孝陵

色作为主色调,体现了革命性的象征意义。

图3-6 南京中山陵

（2）区域识别

不同地域的环境色彩存在明显的差异,究其成因,可以分为自然因素和社会因素两方面。自然因素包括气候、植被、土壤、岩石等,社会因素包括制度、历史、文化、风俗等。城市色彩的地域差异按照范围的大小可以分为多个层级。比如,中国的地域色彩有别于许多国家,而中国的南方和北方、东部与西部的城市色彩也各有特色;各民族之间因为地域、文化习俗的不同,环境色彩也存在差异;在同一城市中,不同的功能区域也往往拥有与各自区域特点相对应的色彩环境。

城市中以区域划分的文化中心区、住宅区、商业区等都因为区域功能的特点拥有各异的色彩氛围,这些与环境相适应的色彩起到了彰显区域性质的作用。城市环境具有十分复杂的信息源,相对于造型来说,人眼更容易识别色彩的差别[44],许多相同或相似的空间区域需要借助不同的色彩来显示其功能,强化其在复杂视觉环境中的辨识度。

（3）类型识别

城市公共设施常常会通过色彩的差异来区分不同的功能类型。例如：城市公共设施是保障城市正常运转的维护

44/ 参见孟涛:《城市环境色彩的功能性》,《剧影月报》,2008（6）。

系统,在城市中虽然占据的空间并不大,但分布广并且种类繁多。公共设施的色彩在城市色彩基调中作为点缀,需要保持明确的类别特征和秩序感。它的色彩不再只是单纯地追求变化和愉悦,同时也应承担起类型识别的功能。

2.审美功能

城市的气质或庄严或欢愉,都是通过具体的形与色显现出来的。错落而有序的建筑群,蜿蜒或宽阔的街道与广场,桥梁、水面、绿地、车辆与行人等,都以自身的色彩参与其中。良好的色彩组合使城市环境美丽多姿,从而构成了城市的面貌与特征。

色彩的审美功能主要体现为对城市环境的优化,具体内容是:实现环境色彩与城市景观的完美融合,选择合适的材料,形成设计形式的风格化,彰显环境场所的品质与特征等,最终目标是使城市更加人性化,使生活充满愉悦体验。

环境色彩的改变也意味着人们审美趣味的变化,但往往也有主动与被动的区别。西班牙一个小镇的墙面是白色的,当好莱坞征得当地居民的同意,在电影《蓝精灵》的宣传期间将房屋漆成蓝色时,它便从此换上了“新外套”。宣传活动完成后,索尼公司承诺负责将其恢复原色。然而,在适应这个全新的色彩环境的过程中,居民们也发现前来观光的游客迅速增多,220位居民投票赞同保留其蓝色基调。

3.心理调节功能

有关科学研究表明,色彩具有引发人的情感和心理反应的作用。从生理上讲,当人的眼睛受到不同的色彩刺激后,人的肌肉和血脉会相应地产生向外扩张或向内收缩的变化,从而形成不同的情绪反应和心理感受,如兴奋、紧张、安逸、烦躁等。当人们看到红、黄、橙色时,就会联想到给人温暖的火光以及阳光的色彩,因此红、黄、橙色被归为“暖色”;当人们看到蓝、青色时,在心理上会联想到大海、冰川的寒意,因此蓝、青色被归为"冷色"[45]。

　　伦敦泰晤士河上的波利菲尔桥的栏杆原来是黑色的,经常有人在这里投河自尽。于是坊间开始纷纷传说:这是一条魔鬼桥,罪恶的人选择在这里赎罪……"波利菲尔桥现象"引起了英国议会的关注,英国议会委托英国皇家医学院研究并解决这个问题。普里森博士在长时间的调查研究后得出一个惊人的结论:自杀事件与桥的颜色有关。波利菲尔大桥的桥面被全部涂成黑色,而黑色使人感到压抑、悲观,甚至产生轻生的欲望。因此,真正的魔鬼是桥的颜色。在普里森博士的建议下,当局用象征生机、带给人生活希望的绿色代替了桥上栏杆原来的黑色,结果在这座桥上自杀的人减少了一半。由此可见,色彩的心理调节功能是十分显著的。

　　尽管色彩的心理调节功能客观地存在于实际的生产、生活中,但直到 20 世纪后半期才真正作为一种手段被广泛运用。除了心理调节以外,合理的色彩运用还可以起到一定的物理调节作用,不同色调的吸热系数是不同的。色彩的物理效应可被有效运用于温度要求复杂多变的城市环境中。

第二节　现代城市色彩的发展

一、城市色彩的历史渊源

　　在城市文明发展的初期,构成城市主体的建筑和环境工程大多就地取材,或使用由当地土壤加工的建材,形成了早期城市环境的色彩风貌。不同的国家和城市,因政治制度、宗教信仰、传统礼教以及地域、气候的不同而对色彩有不同程度的偏爱,从而形成了独特的城市文化与色彩文脉,

45/ 参见段渊古、王宗侠、杨祖山:《色彩在园林设计中的应用 [J]》,《西北林学院学报》,2000 年第 4 期。

以及与之相对应的形式独特、风格鲜明的色彩样式[46]。

（一）两河流域

两河流域是指西亚的幼发拉底河和底格里斯河之间的平原，古希腊人称之为"美索不达米亚"，即两条河之间的地区（今伊拉克一带）。公元前3500年，苏美尔人在这里建立了最早的城市。作为幼发拉底河和底格里斯河的冲积平原和三角洲，这里缺乏良好的木材和石材，用于建筑及装饰的主要材料不同于古埃及和欧洲，大多是用生土制成的，易受雨水侵蚀。为了保护生土制成的装饰材料，苏美尔人在没有干透的土坯上镶嵌陶钉。陶钉有红、白、黑三种色彩，可以组合成精美的图案，既保护建筑不受雨水侵蚀，又起到很好的装饰作用。因此，这种对比强烈的色彩装饰手法得以延续，成为当地建筑景观的特色。

公元前6世纪建成的新巴比伦城通过对琉璃的高水准运用，营造了色彩丰富的城市环境，巴比伦城的伊什塔尔门的墙面都覆盖着彩色琉璃砖，在蓝色瓷砖上又镶嵌着狮子、公牛和鲛龙等琉璃浮雕装饰。黄色系和蓝色系对比鲜明，使整座伊斯塔尔门彰显出雄伟、端庄，色彩绚烂夺目，给人以大气磅礴、坚不可摧的形象（图3-7），其中狮子是伊什塔尔女神的象征（图3-8）；公牛是阿达德神的象征（图3-9）；鲛龙是玛尔杜克神和他儿

46/ 参见孟涛：《城市环境色彩的功能性》,《剧影月报》,2008（6）。

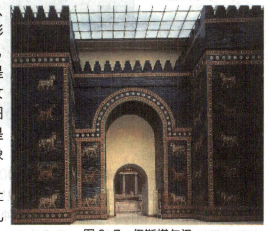

图3-7　伊斯塔尔门

图 3-8 狮子

子那勃神的象征(图3-10)。

基于地域特征而逐渐发展的建筑材料和技术,使巴比伦城在土黄色的两河平原上呈现出华丽的色彩面貌。在建成100多年后,被称为"历史之父"的希腊历史学家希罗多德来到巴比伦城,为之深深感动,称其为"世界上最壮丽的城市"。巴比伦城也逐渐成为世代文学与艺术所描绘的对象(图3-11)。

图 3-9 公牛

(二)古埃及

与两河文明一样,古埃及文明是人类最早的文明之一。从地理位置上讲,埃及是一个封闭的国家,这种封闭的状态决定了古埃及文明

图 3-10 鲛龙

的纯粹性和独特性,埃及的装饰形式在3000年里基本上处于稳定不变的状态。埃及既有生态状况良好的绿色环境,又有金字塔群周围独特的灰色荒漠,这两种生态环境的共生是埃及地理条件的基本特征。横贯埃及全境的撒哈拉大

图 3-11　巴比伦城

沙漠在烈日下一望无际，但尼罗河流域却拥有充足的水源和良好的植被[47]（图 3-12）。

图 3-12　尼罗河流域

埃及的建筑色彩像它的地貌一样拥有对比极为强烈的两面性特征，希伯来人用泥、砖、茅草构筑的居所隐藏在峡谷深处，在日照下峡谷发出的金黄色泽也难以掩盖其素朴和简陋；尼罗河畔的巨石建筑都因为环境显得更加壮丽与宏伟（图 3-13、图 3-14）。

47/ 参见刘长春:《环境色彩设计——色彩分析与功能研究》,东南大学硕士学位论文库,2005 年。

图 3-13　埃及卡纳克神庙建筑

图 3-14　埃及金字塔

　　或许是风沙太大的缘故,如今来到埃及,满眼都是土灰色,似乎埃及的景致天生就缺乏色彩。事实上,古埃及的建筑装饰色彩是非常华丽的,并且形成了一定的色彩规则。建筑史学家认为,古埃及的建筑装饰色彩以红、黄、蓝三原色为主,古埃及的建筑装饰和当地绘画的用色传统是基本一致的(图 3-15)。

图 3-15 古埃及壁画

（三）欧洲

在欧洲,古希腊文明和古罗马文明对世界文明产生的深远影响一直延续至今。

和古罗马相比,古希腊的建筑和环境色彩更注重与大自然的融合,这与希腊文化的理想主义倾向有着密切关联。希腊的神话造就了希腊人丰富的想象力和卓越的创造力,也使其建筑的整体环境具有浪漫色彩。

作为建筑群的中心,献给雅典娜女神的巴底农神庙是卫城上最华丽的建筑。它的主体仍然由白色大理石砌成,但其外部装饰色彩十分浓艳,雕像和建筑细部使用金、红和蓝色。由此奠定了巴底农甚至整个卫城建筑群肃穆而欢乐的基调(图 3-16)。

相对而言,古罗马人就理性得多,他们善于把已有技术付诸实践,实实在在地为生活服务。古罗马的广场更多地体现政治力量和组织性,更多的是对帝王的歌功颂德。正因为这种性质,古罗马的广场修葺得十分豪华,色彩也非常艳丽(图 3-17)。

图 3-16 巴底农神庙

图 3-17　古罗马广场

　　图拉真广场是古罗马规模最大的广场,该广场的底部是图拉真家族的巴西利卡。该巴西利卡有 4 列 10 米多高的柱子,中间两列用灰色花岗石作柱身,用白色大理石作柱头,外侧一列柱子为浅绿色。而巴西利卡的顶部覆盖着镀金的铜瓦,广场中心的图拉真骑马青铜像也是镀金的,由此可见该广场的奢华(图 3-18)。

图 3-18　图拉真广场

（四）中国

中国幅员辽阔,自然条件和民族文化复杂多样,决定了环境色彩的复杂性和多样性。自然环境的复杂多样,促使各民族为了适应大自然并有效利用自然条件而作出努力。这体现在建筑色彩上——建筑大多采用木、砖、土等自然材料,建筑色彩源于大自然,建筑的材料、形制、选址均与地形地貌相结合,从而实现了人造环境与自然环境的完美融合,建筑史学家潘谷西先生认为:"中国建筑有一种与环境融为一体的、如同从土地中'长'出来的气质。"广西大大小小的风雨桥都很好地印证了这种建筑上的"原生气质"。

图 3-19　檐角飞翘葫芦顶

郭沫若先生也曾这样赞美风雨桥"艳说林溪风雨桥,桥长廿丈四寻高。重瓴联阁怡神巧,列砥横流入望遥。竹木一身坚胜铁,茶林万载茁新苗。"（图 3-19、图 3-20）

中国传统城市、建筑色彩也深受传统文化的影响。比如古代的阴阳五行学说认为:青色象征青龙,表示东方;朱色象征朱雀,表示南方;白色象征白虎,表示西方;黑色象征玄武,表示北方;黄色象征龙,指中央。这种思想将色彩、方位、空间联系起来,并被用于古代城市营造与建筑工程实践中。同时,色彩也反映了当时社会的主流文化,如在宋代,建筑常常选用含蓄单纯、清淡高雅的色调,多是受儒家理学与禅宗思想的影响（图 3-21）。

图 3-20　福建省连城县云龙风雨桥

图 3-21 晋祠圣母殿

　　数千年的专制制度使等级观念在人们的意识中根深蒂固，建筑色彩也有严格的等级规定。如西周奴隶主义色彩"明贵贱、辨等级"，规定"正色"为青、赤、黄、白、黑五色，"非正色"为淡赤、紫、绿、绀、硫黄等色，其等级低于正色。在之后的历史演变中，黄色逐步被重视并成为皇室专用色彩（图 3-22），皇宫寺院用黄、红色，宅邸官宦用绿、青、蓝等色（图 3-23），民舍只能用黑、灰、白等色，以色彩体现社会各阶层的区别（图 3-24）。

图 3-22　皇室建筑专用色

图 3-23 官邸建筑专用色

图 3-24 民舍建筑专用色

　　同时,古代的城市营造也在很大程度上受到封建礼制、城市格局的限制,这是一种严格的制度和自内向外的制约力量。所以古代都城和重要城市的色彩基本上以反映皇权统治和宗教礼法制度为特征,此时的城市色彩是神权与君权意志的体现,是一个地区和民族的政治、文化传统最直观的反映[47]。北京故宫建筑群的建筑色彩是北方宫殿建筑群

47/ 参见刘长春:《环境色彩设计——色彩分析与功能研究》,东南大学硕士学位论文库,2005 年。

用色的典型：白色台基，深红色墙面，红色门窗，青绿色彩画，以及黄、蓝、绿诸色屋顶，富丽堂皇，强烈的对比色调显示了皇权的威严（图3-25）。

图3-25 北京故宫的角楼

和故宫相类似，祭神的坛庙也通过色彩对比等手段刻意营造庄严肃穆的气氛。以天坛为例，蓝色的屋顶、汉白玉台基和栏杆，红色的门窗，色调鲜明，对比强烈（图3-26）。

图3-26 北京天坛

中国各民族的用色传统均有其独特的地域与文化特色。以西藏拉萨为例，其城市建筑色彩以白、红、黄色为主，以黑、蓝、绿等色为辅。这种色彩组合的形成一是因为拉萨地处青藏高原,建筑主要由当地生产的砖石砌筑而成,并在墙檐上以暗红色的彩带作为墙面装饰,同时由于青藏高原太阳辐射强,建筑墙面常使用大面积的白色,以减少太阳辐射;二是因为拉萨建筑受到宗教与"政教合一"制度的影响。拉萨建筑常以白、红、黑、黄色对应佛教世界中的天上、地上、地下。白色代表吉祥,黑色代表驱邪,红色代表护法,黄色代表脱俗。而历史上长期的"政教合一"制度对城市空间及建筑色彩有较严格的限制,并以红、黄色为尊,主要用于寺庙、宫殿,比如布达拉宫、大昭寺等。民用建筑则多以白色或其他色彩为主,体现了色彩的等级特征(图3-27)。

图 3-27　拉萨布达拉宫

二、现代城市色彩的发展

(一)西方国家城市色彩的发展

　　20 世纪 60 年代,欧洲城市的发展建设进入了新的历史阶段,而城市环境特色与传统的维护成为其中重要的内容。在这一过程中,欧洲开展了一系列的城市美化运动。如建筑的清洁运动,对城市建筑的外墙面进行清洁,把它们恢复到石材表面的自然外貌。建筑清洁运动改变了烟黑色的历史城市,使人们开始关注城市原有的色彩,并着手保护城市的传统色彩[48]。在意大利都灵的旧城复建中,以色彩作为规划手段的做法给人们以启发。后来,这一做法在许多欧洲国家的城市规划中被效仿,成为城市色彩景观规划的开端。

以欧洲城市为例,工业革命以前城市发展通常是沿城墙向外做圈层式的扩展,速度相对缓慢,并呈现出渐进修补的特点。在发展过程中,虽然建筑风格在不断演变,形式在不断变化,但由于所采用的建筑材料相对稳定并具有延续性,使街道、广场乃至整个城市在视觉上感觉十分和谐,城市色彩主调也得以相对稳定地建立起来。工业革命以后,一些发达国家逐渐进入工业时代,城市色彩的发展经历了一个从稳定、渐变到变异的过程[49]。总体而言,在工业化早期,城市的尺度、建筑材料,在相当大的程度上仍然得到很好的保持。到20世纪,现代建筑先驱者开始大量使用钢铁、玻璃和混凝土等新型建筑材料,建筑设计和施工日益工业化和标准化,这使得原有的城市色彩面貌受到一定的冲击[50]。但由于新建筑的体量大多仍符合原有的城市尺度,其在色彩上带来的视觉冲击仍然在可以控制的范围内。

(二)中国城市色彩的发展

中国传统城市从总体上看体现了儒家文化和与之相结合的社会等级制度。建筑色彩和建筑形式一样,为统治阶级的意识形态所左右,体现了严格的等级制度。

中国的城市色彩研究起步较晚,学科形成上主要是对西方颜色科学理论的引入和借鉴,在此基础上对色彩学的基础理论和色彩量度以及实用色彩方面的研究较多。城市

48/ 参见卜菁华、王玥:《色彩景观设计的目标与方法》,《华中建筑》,2005(3)。
49/ 参见周立:《关于城市色彩的思考》,《现代城市研究》,2005年。
50/ 参见周立:《城市色彩——基于城市设计向度的研究》,东南大学硕士学位论库,2005年。

色彩景观规划的系统化研究尚未成熟,大多城市色彩规划
处于被动阶段,从规划设计到控制实施都落后于城市整体
规划,而且还有绝大多数城市没有意识到城市色彩景观规
划的重要性和必要性,城市色彩还处于混乱之中[51]。

通过对国内城市色彩发展历程的回顾,我们不难发现,
伴随着人们对城市环境特色问题的日益关注,越来越多的
城市都把城市色彩管理纳入城市发展建设纲要中来,而许
多城市也正是通过对城市色彩问题的关注,而提升了文化
内涵、彰显了城市魅力。表3-1所列的城市色彩规划发
展历程,正是从时间和关注内容的角度,记录了人们的探
索过程。

表 3-1　国内城市色彩规划发展历程回顾

时间(年)	地点	人员	内容	意义
1989—1990	大连	开发区	五彩城规划	国内较早的关于城市建筑色彩的研究活动
1991—1993	北京	北京市建筑设计研究院	对北京、西藏等地区的传统建筑色彩进行研究	
1998	深圳	中央美术学院	深圳华侨城色彩设计	国内最早的环境色彩设计
2000	北京	北京市政府	召开城市建筑色彩研讨会	掀起了国内轰轰烈烈色彩规划活动
2001	盘锦	西曼色彩文化发展有限公司	盘锦市城市色彩规划	国内第一个城市色彩规划
2001	武汉	武汉市政府	武汉市色彩最美的建筑评选	引起了市民对城市色彩的关注

51/ 参见廖宇：《城市色彩景观规划研究——以成都市色彩景观规划为例》,四川农业大学硕士学位论文库 2007 年。

续表

时间(年)	地点	人员	内容	意义
2002	哈尔滨	哈尔滨工业大学城市规划设计研究院	制定哈尔滨城市色彩规划	国内最早进入操作阶段的城市色彩规划方案
2003	武汉	武汉市规划局	武汉城市建筑色彩技术导则	目前国内较为深入的城市色彩应用指南
2004	北京	中国流行色协会	完成中国城市居民色彩取向调查报告	国内最早的城市居民色彩调查报告
2004	北京	中国流行色协会	颁发城市色彩大奖	武汉、哈尔滨因为在城市色彩建设方面成绩突出而获奖
2006	北京	中国科协	2006 中国城市色彩与和谐居住环境	对推动中国城市环境色彩建设具有里程碑的意义
2007	北京	中国美术学院色彩研究所	中国国际城市色彩规划展示	城市色彩提供一个难得的普及
2010	珠海	市住房和城乡规划建设局	《珠海市城市建筑色彩规划管理暂行规定》《珠海市建筑色彩控制技术规定》	

第三节　城市品牌形象色彩规划与实践探索

城市的色彩符号指城市物体被感知的色彩的总和,其中包括城市植被,如树木、海滨、花草、山石等自然色,或者城市建筑、街头设施、公共建设等人工色。城市的特有色彩使其具有识别价值,红墙灰瓦成了老北京的城市基调,透露出城市朴实、浑厚的历史风霜感;碧海蓝天、红瓦朱墙又展现了青岛这座现代与历史交融的海滨城市的风采;浪漫的巴黎选用秋季的亮黄色展现着城市的魅力;神秘的罗马又以橙黄色和橙红色诉说着这座城市曾经辉煌的历史。伴随着我国近些年城市的快速发展,城市色彩出现"灰蒙蒙""大花脸"等现象,许多建筑和楼盘掘地而起,但却与周边景观或已存在的建筑群不协调,这种色彩"试验场"现象只会加剧人们对城市的陌生感和漂泊感。和谐美好的色彩景观不仅具有调节身心、提高居民生活环境质量的功能,同时还在全球文化趋同的情形下,以独特的城市色彩起到了延续和保护地方特色的作用。

一、哈尔滨城市品牌形象色彩规划

（一）哈尔滨城市色彩规划分析

哈尔滨城市色彩规划工作开始于 2002 年,但是对哈尔滨城市建筑色彩予以研究的想法最早却可以追溯到 20 世纪 90 年代中期。因为,哈尔滨的异域文化特色造就了它独有的城市建筑形象,而建筑色彩是其中较为重要的形象要素。在新的历史时期,如何结合既有的文化传统,创造出属于哈尔滨的城市新形象,是摆在设计者与决策者面前的现实问题。今天哈尔滨的城市建筑色彩规划控制所依据的原则,就是在哈尔滨城市建筑色彩规划工作中提出并确定下来的。可见哈尔滨城市色彩规划工作对哈尔滨的城市建设发展具有积极的现实意义。

在哈尔滨城市色彩规划工作的最初阶段中,设计者们试图拿出一个"规划设计"去将城市分区,并划分为不同的色彩规划区,既统一又和谐。随着工作的展开,设计者们发现,虽然国外有威尼斯水城,国内有威海等全城色彩规划的实例,但在一个面积近 300 平方千米的大城市中这种做法几乎不可能,因为你无法拒绝生活在哈尔滨这座文化多元、文脉丰富的城市里的人们对丰富色彩的追求。

经过研究,色彩规划师们认为,色彩规划课题的由来关键在于两个方面,一是历史色彩的丧失,哈尔滨历史上色彩特色较鲜明,但鲜明在哪儿? 除了黄色还有什么? 正是这点不明确,使我们在近年城市建设中无章可循,或者说只"遵黄",但没有"扩展黄",逐步使色彩混杂无序;二是色彩审批,并没有同建筑效果表现图区别出来,在表现图上,建筑色彩是整体环境(包括天空,可根据构图需要画成灰、黄、蓝等)的一部分,建筑建成效果与表现图形体可能一致,由于背景、材质、阳光作用等影响,色彩差别较大。经研究,这两个问题的解决之道,初步确定为几个方面的对策:首先明确哈尔滨历史色彩发展脉络,确定城市主色调及主要代表性区域,同时,鼓励其他地区创造新的多彩的哈尔滨;其次,拿出一个导引性文件,把规划设计、审批、验收、环境整治统一在一个控制系统。

(二)哈尔滨城市色彩规划原则

1. 注重历史文脉的延续性

哈尔滨市的城市色彩受传统建筑文化的影响较大,在特定的传统风貌区初步形成了以明快的暖色调为主的色彩体系。因此,在色彩规划中应予以进一步继承和发扬,使之逐步形成哈尔滨的色彩风格[53]。

2. 适应城市冬季的气候特点

由于哈尔滨市冬季环境色彩单调沉闷,草木枯萎、气候寒冷,城市笼罩在一片没有色彩的灰蒙蒙之中。因此,应选择暖色调为主的色彩体系,使冬季城市亮丽起来,同时可将各种浓郁艳丽的色彩统一于整体色调之中,使环境既统一又显俏丽,让人们的冬季生活在生动活泼的氛围中度过。

3. 突出时代性与现代感

随着科学技术的飞速发展,新型建筑材料不断应用于建筑设计中,要求城市建筑色彩在与整体环境色彩相协调的前提下,适当改变明度及饱和度,以增强时代感,丰富科技内涵[54]。

(三)哈尔滨城市色彩规划对策

1. 建立"色彩设计专篇"体系

由于城市色彩属于定性控制范畴,尤其对于生活在现代城市中的人们,仍然愿意生活在一个多彩的世界里,因此在统一协调的环境里并不排斥点缀色的出现,为更好地使建筑师发挥更大的想象空间,也使审批者能与建筑师共同思考建筑色彩方案的可行性,此规划参照目前已有的报建图中"防火专篇、卫生专篇"等的做法,提出"设计构思与色彩设计专篇"的构想,在建筑设计报方案过程中加入专项说明,更好地将设计构思与色彩融合。同时,便于管理部门不断完善城市色彩,对点缀色以单项批准的形式予以控制。

53/ 参见霍胜男:《哈尔滨非物质文化遗产在城市更新上的保护与利用》,东北林业大学硕士学位论文库,2007年。
54/ 参见马丽丽:《基于连续性的台州城市廊道色彩景观研究》,《浙江大学》,2006年。

2."色彩设计"增加针对性

经调研,市民在城市色彩方面,还是追求"丰富为主"的。只有文化层次达到一定水平后,才会以"追求特色"为主。故此,城市"色彩设计"应有一定的针对性,对有一定历史遗存的街道,以突出特色为原则,如:大直街色彩设计应以突出沿街的历史建筑本色为切入点,其他建筑只起辅助和背景色的作用[55]。较少采用色彩穿插效果,而无历史建筑的街道又分为两类:一类为新建建筑街道,通过"色彩导引"进行控制;另一类为旧有建筑较多的区域,色彩设计应体现"纹理"效果,打破现有粉饰方式,如采用"对比方式""水晕法"等。

3. 提出"色彩设计导则"

运用一定的"城市建筑色彩设计导则"是维护原有历史风貌,创造新时代风貌的有效手段,色彩设计导引以对建筑主墙面引导关系的控制为重点,适当兼顾城市外环境中的实体色彩,灯光色彩等。重点控制区单独编制"色彩设计专项规划",建立色彩整治项目库。

由于重点控制区在城市色彩印象中的重要性,应根据其在城市文化与功能中所处地位与作用,明确色彩设计主题性及结点划众如红军街一中山路,红军街路段,历史建筑较集中,博物馆地段,周边历史建筑与现代建筑呼应明显;工人文化宫一省政府段近代建筑较集中;从珠江路开始现代建筑较多,类似巴黎的香榭丽大道,从凯旋门到卢浮宫是历史区,从卢浮宫到德方斯新区则反映了从历史到现代的发展。因此红军街一中山路的色彩设计应体现历史一近代一现代的发展脉络,并据此提出专项的色彩规划。其他区域如大学区、办公集中区等均有此类特点。建议在色彩重点控制区设立色彩设计项目库,综合从色彩、环境、建筑风格方面提出专项规划。

如今,从哈尔滨城市色彩规划的最初提出,到今天已有

55/ 参见赵玮:《城市户外广告设置研究》,同济大学建筑与城市规划学院硕士学位论库,2007 年。

近十年的历史了。在过去的十年里,哈尔滨的城市面貌也随之发生了很大的改观,城市建筑形态设计也更加趋于多元化。虽然由于种种原因,哈尔滨城市色彩规划最终成果的实效性并不尽如人意。但是,在"多彩哈尔滨"这一城市主导色彩倾向的指引下,人们已然认识到了城市色彩文化特色的重要性,并且对哈尔滨城市主导色彩的确定也有了更进一步的理解与认识,这些成果都或多或少地促进了城市环境的改观和品质的提升。由此可见,城市色彩环境的塑造绝非一日之功,特色鲜明、协调有序的城市色彩环境营造,还有更为多元繁杂的工作要去完成。

二、波尔图城市品牌形象色彩规划

城市彩色的含义分为广义和狭义两个层面。广义的城市色彩主要指城市的色彩面貌、狭义的城市色彩则主要指城市占有主体位置的部分色彩,主要体现在以建筑为核心所构成的人居环境色彩方面。狭义的城市彩色所承载的地域文化逐渐形成地域独有的面貌和人文特色。城市色彩也是人类文化现象的一个分支,从文化的角度探索城市彩色的意义、有助于把握城市的历史文化内涵。从人文角度研究城市色彩与人的关系,尤其要注重一个城市历史文化内涵[56]。

在城市形象视觉识别系统被广泛引入的情况下,城市色彩的理念愈发重要。波尔图(图3-28)作为港口城市,对海有着天然的依恋,蓝色海岸线是城市极具代表性的面貌。从人本主义的角度,蓝色已经成为他们生活中不可缺少的精神寄托,蓝色书写了城市的历史也镌刻了波尔图人的生活印记。选择蓝色作为城市主体色彩比较符合城市发展理念和人文需求。

这个港口城市的视觉形象灵感来源于遍布全市的蓝色瓷砖(图3-29),虽然发现不同特征的彩色瓷砖的图案,不

同几何形状,但是只有蓝色的瓷砖是
用来讲故事,蓝色瓷砖的历史表达了
城市的故事,很有纪念意义。标志设
计的灵感来自 70 多个瓷砖的基础上
的一个图形(图 3-30),图标代表的
是几何和活力的城市,绘制它们之间
的联系,创建连续的网络,组成一个
瓷砖组,这些图标是一个代码,代表
着城市的形象。一个单独的代码,可
能正如代表着一个人的生活。

城市品牌形象的打造需要大众
通过感官来感知城市色彩的美感,每
个城市都有属于自己的整体调性,它
是与城市环境、风土人情相互融合从
而形成长期的、稳定的视觉符号以及
和谐统一的城市色彩基调,在城市塑
造中,起着推波助澜的宣传效果。并
通过审美判断获得形象的美感。城
市色彩是特殊的语言表达方式,它需

图 3-28　海滨城市波尔图

图 3-29　遍布全市的蓝色瓷砖

图 3-30　波尔图城市品牌形象设计应用

要提炼和分析,并能获得尽可能多的大众关注度和认可度。波尔图作为一个海滨城市,使得波尔图人民对于蓝色有着与生俱来的好感,无处不在的蓝色也成为游客对城市形象最深刻的记忆。车站、教堂、交通工具甚至是纪念品,都是蓝色色彩应用的衍生品,波尔图的城市色彩让每个人都找到了城市识别的认同感。

三、世界设计之都色彩形象规划

世界设计之都(WDC)是国际工业设计社团协会(ICSID)所发起的全球性活动。WDC的征选每两年进行一次。每次皆是由专业的评审团,从众多申请的城市中选出最具有典范意义的一座,将其命名为"世界设计之都"。至今获选世界设计之都的城市分别为2008年意大利杜林(Torino)、2010年韩国首尔(Seoul)、2012年芬兰赫尔辛基(Helsinki)、2014年南非开普敦(Cape Town)及2016年中国台北。

"Adaptive City 不断提升的城市"是台北市申办2016年世界设计之都的理念与诉求。以它作为主题,透过精彩的策展内容,让参观民众充分了解这座城市是如何将设计导入城市治理之中? 我们想实现的生活愿景是什么? 何谓Adaptive City的核心意涵? 我们的基本主张是,在有限的资源下,城市要有能力保持旺盛的创新活力,去创造人民生活的福祉。尤其,当代的城市必须以更谦卑的态度去面对地球的生态环境,以更具创意、灵活的方法去处理复杂的城市问题,并且更要懂得运用公民的智慧去激发集体参与的改造力量。谦卑、灵活与集体行动智慧,都是Adaptive City的关键文字。

图 3-31　城市代表色

从申办 2016 年台北世界设计之都的标志延伸，以台北市 12 个行政区分别代表的色彩(图 3-31) 相互激荡成为紫色之代表色,发挥不断进化、提升之精神,实现未来美好生活愿景。以未来智能城市、科技概念之蓝色融入具有文化创意的黄色及活力热情的红色所形成的紫色,热烈积极但不外露,高贵与雅致兼收并存,展现出双重个性的魅力,凝聚人文、创意、科技为一体,为最受人瞩目的时尚色彩。象征台北

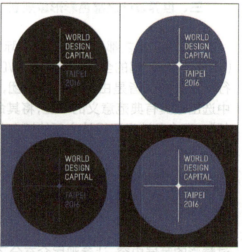

图 3-32　城市品牌色彩设计

图 3-33　城市品牌形象设计应用

市为先进科技与人文发展并举,互相渲染交织而成的设计之都,展现台北市多元发展及不断提升的动力(图 3-32、图 3-33)。

第四章

城市品牌的形象塑造

城市品牌形象构建是城市发展的高级阶段，是经营城市的必然趋势。一个成功的城市品牌形象必须是基于历史的前提下和地域空间基础上的考虑，且应该是该城市本身所具有的某种特征提炼和强化的结果，是城市物质文明和精神文明的结晶。本章将对中国城市品牌的形象构建展开论述。

第一节　城市品牌形象的历史渊源

一、城市形象的三个发展阶段

（一）第一阶段——城市形象的雏形

　　早期城市形象主要体现在对城市美的追求。它是在城市规划建设、城市设计理论及其城市美学理论影响下形成的，属于城市形象在视觉感官层面上的一种表现。城市形象的发展可以追溯到古希腊、古罗马时期，在那时的城市规划中已开始重视城市美学与城市艺术，强调对视觉美的追求。罗马时代的维特鲁威在古典名著《建筑十书》中就提出："建筑还应当造成能够保持坚固、适用、美观的原则"[57]。可以看出，在人类最初的城市规划与建筑建设中便强调美学意义和审美价值，尽管那时还没有出现"城市形象"这一名词，但从本质上是对城市形象美的追求。

　　在中世纪"城市美化运动"思想下的城市形象，可以说是现代城市形象的萌芽和雏形。"城市美化运动"可以追溯到欧洲16—19世纪的巴洛克城市设计，把城市建设与造美有机地结合起来了。但是，这一运动在美化城市的同时造成了过度"造美"的错误，并使城市丧失了美的尺度和人本主义精神。"城市造美运动"在美国也有所发展。1893年美国为纪念发现美洲400年，在芝加哥举办世博会，创办了哥伦比亚博览会（Columbia Exposition）建筑群，高雅、精美的古典建筑、豪华的广场和价格昂贵的绿地，规划设计不仅凸显了美学思想，而且成为政府政治宣传和体现政绩的内容之一。真正的"城市美化"这一概念是

57/ 参见维特鲁威：《建筑十书》，北京：中国建工出版社，1986年。

由 Mulford Robinson 提出来的,他利用美国芝加哥世博会城市建设的机会,倡导城市美化运动,达到改变城市的目的[58]。早期"城市美化运动"的思想和理念,首先表现在对城市建筑、墙壁、街道进行装饰,增加公共艺术品设置,属于使城市产生美感的一种城市艺术层面上(City Art)的视觉形象设计;其次是针对工业社会初期城市居住差异和不平等,城市社会问题和城市建设中的腐败等问题进行的政治改革,以塑造平等、公平、公正等社会层面上的城市形象;再就是通过对城市景观的规划设计、创建城市中心节点、合理利用土地资源、组织合理的交通系统、构建核心型城市形态、保护城市历史文化、塑造城市风格特点等一系列城市更新与改造层面的形象设计。从本质上看其最终目的是为了创造一种新的城市空间秩序和景观体系,在工业化高速进程中挽救城市,同时创造城市的视觉美及和谐美,其意义和影响极其深远。

在当时条件的制约下,"城市造美运动"也出现了一些问题,由于过分强调政治功能从而忽视了对城市主体——人的认识与思考,造成了城市道路与建筑的尺度过大,人成为汽车的附庸,人被排斥在城市主体之外等现象。可以说这种求大、求新、求奇的思想正体现了工业化初期人们在城市建设中的盲目性和无所适从的心理,在某种程度上也是为了满足城市管理者的虚荣心,而缺少对居民的实际生活需要和城市良好居住工作环境的考虑。这一运动虽然有过失和不足,但毕竟是从美学意义上思考城市的规划设计,在城市物质形态的视觉审美体验上取得了巨大的成就。

(二)第二阶段——城市形象的兴起

1. 启蒙期阶段

西特[59]提出现代城市建设的一些基本艺术原则,即建立和创造城市环境与公共建筑、广场和街道之间的视觉联

58/ 参见朱城琪:《城市 CIS 城市形象营造的方法初探》,西安建筑科技大学硕士学位论文,2003 年。
59/ 卡米勒·西特于 1889 年出版的《城市建设的艺术原则》一书中,分析了西方资本主义初期城市建设的诸多缺点,如城市单调和极端规则化,没有很好地利用空间,空间关系缺乏联系等。

系,无论是城市形象体系,还是城市景观体系,都是为了表现城市的艺术价值。其城市建设的艺术思想对城市形象的兴起产生了较大影响,即把城市的建设从艺术价值层面加以思考,通过城市环境艺术建设让民众喜欢、接受、认可城市,同时提高城市的文化品位,这与现代城市形象系统的视觉、行为、理念体系有异曲同工之妙。艾德·培根(Edmund N.Bacon)在《城市设计》(*Design of Cities*)中认为城市的空间、形式是市民生活参与的结果,城市设计者的责任就是去了解大众的行为特征及艺术构成,然后使城市建设与大众行为特征及审美艺术相结合。该理论从行为学角度出发,以人的"城市经历"作为城市设计的依据,在公众对城市的整体感知上,与城市形象的行为识别系统有一定的联系。

直到20世纪50年代,国外更多的是把城市形象作为城市美学和城市景观美学的一部分来研究,还没把"城市形象"作为一个独立的体系进行思考,没有明确地提出"城市形象体系"概念及范畴[60]。但是对城市形象的认识已不仅仅局限于追求城市视觉感官层面的审美,而是抓住了城市的本质特征[61],即三维空间关系、人的行为特征、公众的感知力、环境艺术设计等,这些与城市形象的系统理论不仅强调城市物化存在的艺术性,更重视城市人的行为的艺术化,规范化具有一致性。说明在城市规划设计领域,一直在自觉或不自觉地关注城市形象,并不断进行与完善着城市的美化活动。城市形象的提出正是城市形象美、城市艺术美的发展与扩展。

2. 探索阶段

20世纪60年代,先后出现了"环境的艺术意识"潮流,如"街道艺术"(street Art)"公共艺术"(Public Art)思潮的发展,这些新环境艺术思想漫及欧美大陆,对城市形象的发展产生了较大影响。如美国有的州在立法中明确规定了公共建筑费用的1%用于城市环境建设,同时提出了

60/ 参见汤春峰:《城市形象的综合评价方法研究——以南京市为例》,《城市规划和科学发展——2009中国城市规划年会论文集》,2009年。
61/ 参见唐小凤:《南宁城市形象的景观化表达研究》,广西大学硕士论文库,2016年。

"城市形象建设"的新概念,强调了城市形象对社会经济发展的积极作用,并得到了城市规划设计、城市管理、城市文化及经济学界等多个学科领域的认可 [62]。

1960 年,凯文·林奇出版的专著(*IMAGE OF CITY*)被译为《城市意象》,Image 译为"形象"可能更为确切。国外最先提出"城市形象"概念的当然非凯文·林奇莫属。凯文·林奇从人的环境心理出发,通过人对城市地图和环境意象认知来分析城市空间形式,提出城市主要构成要素有:路径、边界、区域、节点、标志等,强调城市结构和环境的可识别性及可意象性;并强调城市形象主要通过人的综合"感受"而获得,即把城市形象这一客观存在物与人的主观感受紧密结合起来,强调了作为城市主体的人在城市形象建设上的主导意义。其核心是人们对城市物质环境的知觉,以及首先形成的心理意象(外部世界的主观反映)。正是因为凯文·林奇认识到了人们的知觉无法适应现代城市的快速发展和变化,才提出了城市设计必须基于市民对城市环境的可识别性,如城市结构清晰,个性突出,并且为不同层次、不同个性的人所共同接受。因此,通过设计建立更意象化的城市,不仅便于人们对环境的认识和记忆,更重要的是给人们带来美感、愉悦感、安全感,增加精神体验的深度和强度。

(三)第三阶段——城市形象的形成

随着城市的发展以及各学科领域对城市建设研究的深入,各学科领域从不同的角度相继提出了城市景观价值、城市轮廓线及空间特色、城市空间符号、城市环境美学、城市风格、建筑艺术与城市美等理论,使城市形象理论逐步从城市规划、城市设计理论和城市美学理论中分划出来,在 20 世纪 80 年代逐渐形成较为独立的学科体系。值得一提的是,随着国内外企业形象 CIS 理论的不断成熟和广泛应

62/ 参见朱俊成:《城市文化与城市形象塑造研究——以南昌市为例》,江西师范大学硕士学位论文库,2006 年。

用,学界开始将企业形象 CIS 理论与城市美化及形象建设结合起来,更为系统、全面地思考新时期的城市建设问题。把城市美从视觉感官层面提升到了思想理念层面,从物质形态范畴拓展到了文化意识范畴,可以说这是城市建设中最为突出的进步。也正是由于企业形象 CIS 理论影响,促使在城市建设中借鉴企业品牌、商业品牌的运作模式,使城市建设向经营城市品牌的迈进,并最终完成了城市形象与城市品牌的融合。城市品牌形象这一前所未有的、攸关城市前途和命运的新概念的产生,为未来的城市建设提出了新的历史使命,为未来的城市发展指明了方向。

我国新时期的城市形象理论与实践研究,是在改革开放和城市化突飞猛进的历史背景下,在借鉴企业形象 CIS 理论的基础上发展起来的。一些从事城市研究的专家学者,如南京经济学院的徐根兴、南京大学城市规划研究中心的张鸿雁,先后提出了把企业形象识别系统(CI)导入城市形象设计的思想,可以说是开启了我国城市形象理论研究的先河。但是,我国城市形象形成的标志,应该是 1996 年浙江金华首届"全国城市形象设计研讨会"的召开。会议指出"城市形象"包括硬件和软件两个系统:硬件主要包括城市布局、城市色彩、城市建筑、城市道路、城市标志、园林绿化、环境卫生等[63];软件包括政府行为、市民素质、城市文明、人群关系、城市活动等。并指出城市定位、战略策划、城市发展系统性规划及城市形象设计在城市建设中至关重要的地位[64]。但是,在当时的条件下,城市形象理论尚处于初步探索期,缺乏系统理论,可操作性不强。

与此同时,在 1996 年 9 月,深圳市工业设计协会提出了城市形象设计与企业形象建设,从理论计划到实践均可相互借鉴。但是,城市形象比起企业形象更复杂、更广泛、内涵更深、策划实施难度更大,而且其产生的意义更重要、更深远。并向市领导提交了《关于深圳市导入城市形象计划的报告》,认为在深圳市很有必要,也有条件尽快尽早地

63/ 参见朱城琪:《城市 CIS 城市形象营造的方法初探》,西安建筑科技大学硕士学位论文,2003 年。
64/ 参见金媛媛:《城市品牌识别体系探究》,中国矿业大学硕士学位论文,2014 年。

导入城市形象系统工程[65]。开展城市形象设计工作，不仅对促进经济建设、营造良好的环境有重要的意义，而且对推动城市精神文明建设也十分重要[66]。

二、城市品牌形象的提出与形成

城市品牌是受商品品牌、企业品牌的影响而提出的，城市品牌形象理论是在城市形象理论和品牌学理论的基础上发展起来的。从时间上来看，城市品牌的提出虽然晚于城市形象，但其发展的速度和成效却快于、高于城市形象，并快速地完成了与城市形象的融合，形成了城市品牌形象这一新的学科理论体系[67]。

（一）20世纪下半叶城市品牌的提出

20世纪80年代，随着企业CIS理论的成熟和实践应用的成功，人们的品牌意识得到了加强，并逐渐把品牌意识引入城市建设中来，把企业品牌、产品品牌的理念和思路与城市规划建设、城市形象相结合，展开了城市品牌理论研究和实践活动。人们意识到企业形象CIS的核心就是打造企业品牌、打造产品品牌，同样，城市形象建设中就是打造城市品牌。在城市建设中导入品牌学理论，塑造具有个性特征的城市品牌，使城市的功能从内向型转向外向型，扩大了城市向外的辐射力和竞争力，使城市价值最大化、最优化。此后，企业CIS理论与品牌理论逐渐被转化为城市品牌意识引入一些城市建设之中。

世纪之交是城市品牌理论形成与发展的重要历史时期。诸多学者从不同的视角对城市品牌展开了研究，使得城市品牌理论研究不断细化、深化，如城市品牌价值、城市品牌定位、城市品牌要素、城市品牌开发、城市品牌塑造、城市品牌建设、城市品牌传播、城市品牌营销、城市品牌与城市规划设计、城市品牌与城市形象建设等，可谓是城市品

65/ 参见肖保英：《城市形象的行为系统识别研究》，中南大学硕士学位论文库，2007年。
66/ 参见陈红：《重庆城市形象标志设计研究》，西南大学硕士学位论文库，2005年。
67/ 参见朱徐庆：《苏州城市品牌形象的视觉应用研究——基于城市行为识别系统理论》，苏州大学硕士学位论文库，2014年。

牌研究百花齐放的历史时期。张锐、张焱对国内外城市品牌理论研究进行了较为系统和全面的总结,提出了城市的内部品牌观、受众观、营销观、形象观、文化观五大观念,在推动城市品牌理论研究不断深化、细化的同时,也为城市品牌建设的实践提供了思路。杜青龙、袁光才提出依据城市品牌消费者类型,城市品牌又可分为人居型、旅游型、资本聚集型和产品市场型四种类型。佘明阳从城市品牌营销方面,提出了运用整合传播手段,综合采用大型活动、会议、展览、广告、公关、直销等方式进行对外传播,以达到促使优秀人才、投资者、旅游者、外来者、中央政府或地方政府,对城市的完整认知,造就期望的联想,产生城市偏好,累积和强化城市品牌拉力[68];并利用报刊、电台、电视台等新闻媒体进行对内传播,加强对市民的文明教育,鼓励市民为城市建设献计献策[69]。2003 年,成都市政府为了把成都打造成品牌城市,先后邀请了许多知名专家、学者为城市进行客观、合理的定位,为城市品牌的宣传作了较为详细的策划,这一举措得到了城市管理者、城市经营者及广大市民的积极响应与支持。可以说,城市品牌在提升城市品质、提高城市品位、扩大城市影响力等方面具有显著的优势,通过打造城市品牌来经营城市,促进城市的发展成为了人们的共识。

（二）21 世纪初城市品牌形象的形成

　　城市是人类活动的产物,因此,城市必定是一个与人类生活息息相关,丰富多彩的文化实体;同时,也注定了城市必然是一个庞大、复杂、综合性较强的经济实体。城市形象是以物质为出发点,从艺术层面进而上升到文化与精神层面的城市建设活动,其宗旨在于建设一个美观、舒适、具有一定文化品位的生活空间环境,追求精神愉悦和情感寄托;城市品牌则是以经济作为根本动力和出发点,同时依托文化与艺术的情感和精神力量,形成以物质为基础,以文

68/ 参见苏萱:《城市文化品牌理论研究进展述评》,《城市问题》,2009 年第 12 期。
69/ 张炳发、张艳艳:《基于居民感受的城市品牌评价指标体系构建》,《统计与决策》,2010 年第 9 期。

化艺术为依托,以经济利益为目的的特殊社会生活形态。

由此可见,城市形象与城市品牌是从不同的角度研究城市的发展,其理论观点既具有统一性,也具有互补性,二者是密切相连、互为表里、相互渗透、相互促进的连带关系。"城市品牌形象"既不是单纯的城市形象,也不是单纯的城市品牌,此时的城市形象是注入了品牌理念的城市形象,而此时的城市品牌则是通过城市形象打造的城市品牌。因此,城市品牌形象理念的提出,是现代城市发展的必然选择,集中体现了工业时代、信息时代、科技时代、文化时代和经济时代的城市特征[70]。

从城市形象到城市品牌,再到城市品牌形象的发展演变过程中可以得出以下结论:①城市品牌形象建设是城市规划设计、景观设计、城市形象建设的衍生物,是城市在其发展过程中的一种取舍和选择;②城市品牌形象建设的价值取向是面向全体城市市民,面向大众,为其创造适宜人类生存的现代城市环境的;③从发展阶段来看,城市品牌形象大约经历了从 19 世纪末城市形象的萌芽到 20 世纪 60 年代的探索发展,再到 20 世纪 80 年代的成熟定型;④ 20 世纪末在企业品牌的导向下形成了城市品牌,并在较短的时间内得到了快速的发展,21 世纪初形成了城市形象与城市品牌并举的局面,并逐步走向融合,形成了"城市品牌形象"的概念。从而使城市建设从艺术层面上升到人本主义精神层面,从满足人的基本需求上升到城市的可持续发展的高度,从城市形象的塑造上升为了经营城市的角度。

70/ 参见朱徐庆:《苏州城市品牌形象的视觉应用研究——基于城市行为识别系统理论》,苏州大学硕士学位论文库,2014 年。

第二节　城市品牌形象的原理

一、城市品牌形象的定义

　　城市品牌和城市形象这两个密切联系的概念,在研究文献中也多有交叉和重叠。现代营销之父科菲利普·特勒(Philip Kotler)在其代表作《地区营销》(*Marketing Places*)一书中,深刻地阐述了地方形象的设计和推广策略,把城市品牌战略与城市形象塑造有机地结合起来。

　　城市品牌展现的是城市形象中最具特色的部分,通过一定的信息或符号与其他城市形成差异,形成识别效应。城市形象与城市品牌的关系可以看作一般和特殊的关系:城市形象偏重于城市各种资源的挖掘、提炼、整合,从而成功地塑造城市总体的特征和风格;而城市品牌强调的是通过城市定位而形成城市鲜明的个性,通过城市的品牌核心价值来反映[71]。城市品牌存在的价值是它在市场上的定位和不可替代的个性,通过保持与竞争对手的差异而体现自己的特色。虽说城市品牌与城市形象在功能上有所不同,但是从某种意义上讲,城市品牌与城市形象之间是一种互为因果的关系,既可以通过打造城市品牌来塑造城市形象,也可以通过城市形象塑造来打造城市品牌。如果单一地使用城市品牌或城市形象都有所缺失,所以将城市品牌与形象结合起来,称之为城市品牌形象较为合适。

　　城市品牌形象不仅仅是指城市内外公众对城市物质环境的认知与再现,也包括了公众对城市的自然环境、经济产业、人文历史、社会伦理等要素,经过公众的主观抽象、概括后的综合评价和意象认识。城市品牌形象既是城市未来发展目标的一种理性与感性的印象,也是城市投射到受众

71/ 参见李小霞:《试论城市品牌与城市形象塑造》,《沈阳大学学报》,2008 年。

头脑或心智中所形成的"图像"。城市品牌形象是以识别为手段，以认知为形式，通过城市的特质来打造品牌塑造形象。城市品牌形象既是一种城市发展战略，也是城市发展的必然趋势。

总之，城市品牌和城市形象是两个既相互区别、互为依存又互为因果的概念。目前，对于城市品牌形象的研究还处于探索阶段，大多数的成果主要集中结合具体的案例分析上，从学理上研究的并不多见，还没有形成学科系统的理论体系。由于，城市品牌形象具有显著的学科交叉的特征，因此，对城市品牌形象理论的深入研究将是未来城市品牌理论、城市形象理论、城市规划理论研究的重点，需要从多学科、跨学科的角度进行研究，才能不断丰富与完善城市品牌形象的理论体系。

二、城市品牌形象的理论构建与系统构成

（一）理论构建

1.CI 企业形象理论与城市 CI

CI 是英文"Corporate Identity"的缩写，译为"企业形象"或"企业形象战略"。CIS 是英文"Corporate Identity System"，直译为"企业形象识别系统"。企业形象识别系统 CIS，包括理念识别系统 MI（Mind Identity），行为识别系统 BI（Behavior Identity），视觉识别系统 VI（Visual Identity）。其中，理念识别系统是企业形象的灵魂，是 CI 战略的核心，属于企业精神意识层面的最高决策系统，也是企业形象战略运行的原动力和精神基础，具体包括经营企业信条、价值观、企业使命、企业精神、方针策略等；行为识别系统，是企业形象战略的骨骼和肌肉，企业的理念通过经营者和员工的行为与活动表达出来，行为识别

系统要与企业理念识别系统保持严密的一致性；视觉识别系统是企业的脸面，是企业理念和企业行为的物化视觉表现。主要通过标志、色彩、标准字、象征图案等一系列视觉符号，将企业的各种信息传达给受众。企业形象战略一方面通过塑造企业统一的良好形象，使人们对企业及产品产生认同感和信赖感，从而达到宣传企业、扩大销售的目的；另一方面，企业形象战略通过创立高品质的企业文化，取得了社会的认同和公众信任，从而达到企业有计划地展现形象的目的。

随着城市化进程的加速，城市间竞争的日益激烈，企业形象 CIS 的系统理论逐渐被引用到了城市形象建设中，即"City Identity"。城市形象 CIS 作为一种系统科学的理论，其独特的识别性强化了城市的个性和视觉传达，而完备的系统性则体现了各个子系统在识别上的同一性[72]。城市品牌形象建设不仅有利于城市优势资源的整合，促进城市机能的高效运转；而且有利于规范市民行为，加强社会公德教育，建立良好的社会风尚。还有利于实现人与环境、人与社会、物质文明与精神文明的和谐、可持续发展。同时，通过提炼、升华的城市精神，对于创造品牌城市，塑造城市形象，增强城市凝聚力和竞争力，发挥核心动力的作用。

总之，在当今城市发展中引入品牌形象战略是城市发展的必然，充分地体现了社会价值观从物质向精神的转变，人们开始倾向于追求附加在物质中的文化内涵和精神信仰，从而推动整个社会物质文明向着更高的目标迈进。城市 CIS 是新时期城市经营与营销的重要方法策略。

2. 品牌学理论

品牌的英文"Brand"，源出古挪威文 Brandr，意思是"烧灼"，烙下标记的意思。品牌学是研究品牌及其品牌问题的知识体系或理论体系，品牌学理论对城市品牌的建设具有重要的指导意义。品牌学研究可分为三个层次：一是品牌观点（Brand Viewpoint）或称品牌思想，即对个别品

72/ 参见刘文忠：《论城市品牌形象之维》，《经济视野》，2013（3）。

牌问题的理性认识；二是品牌学说（Brand Theory）或称品牌理论，即对有关品牌问题形成系统的理性认识；三是品牌科学（Brand Science），即研究整个品牌领域活动规律的知识体系或理论体系。品牌观点是对品牌的基本认识；品牌学可以说是品牌观点的进一步发展，是较为系统、全面的品牌理论；品牌科学是品牌理论的系统化过程。

这三个层次是一种递进的关系，也是学科由低级向高级发展的必然过程。对于城市品牌来说，也具有同等的意义，人们对城市品牌的认识也是从最初的想法、观点到理论的探讨，通过城市品牌建设的实践活动及推动城市品牌学科不断发展，逐渐形成较为完备的体系。对品牌学基本理论的研究，对于指导城市品牌形象建设的理论与实践，完善学科体系都具有积极的参考价值。

3. 城市规划与设计理论

《城市规划基本术语标准》把城市规划定义为"对一定时期内城市的经济和社会发展、土地利用、空间布局以及各项建设的综合部署、具体安排和实施管理[73]。

城市设计又称都市设计（Urban Design），指以城市作为研究对象的设计工作，介于城市规划、景观设计与建筑设计之间的一种设计，重点关注城市规划设计中的空间设计、城市面貌，尤其是城市公共空间设计。城市规划和城市设计可以说是内容交叉、骨肉相连、密不可分的。总的来说，城市规划具有抽象的宏观概念，而城市设计则为具象的微观特点。

城市规划与设计理论是随着城市的发展而逐渐形成的，是城市建设实践活动的理论总结。虽说"城市形象""城市品牌"理论是在近现代才提出的，但其理念、思想其实早就隐含于城市规划设计理论之中。

73/ 参见张曙光:《公共管理导向的城市规划》,中国科学技术大学硕士学位论文库,2008年。

（二）系统构成

1. 城市品牌系统结构

城市品牌系统是指以品牌学和营销学为切入点的研究系统。品牌原是市场营销学的重要概念，城市品牌的形成是营销学、企业形象理论、经济学、社会学、地理学等相关学科交叉和综合的结果。虽说近年来学界从不同的领域与角度来探究城市建设非常踊跃，但是从系统理论角度来探析城市品牌系统结构并不多见。城市品牌建设是一项社会化的系统工程，关于城市品牌系统的结构划分有以下观点。

首先，从二维角度划分的城市品牌系统，以品牌学为出发点划分的城市品牌系统结构，具有主、客体的二维系统的特征。其次，从三维角度划分的城市品牌系统，三维城市品牌系统的划分，源于城市本身的三大部分：其一，城市体的物质性本源；其二，城市居民的内心世界；其三，公众对城市品牌的识别。三维系统结构其实是以品牌的物质本原、品牌的精神、品牌的感知这三方面为依据来组织系统结构。

2. 城市形象系统结构

对于城市形象系统的建构，学界存在许多不同的观点，但是系统的结构都基本相同，主要源于企业形象和城市规划两个领域。

首先，以企业形象为研究出发点的城市形象系统结构。以企业形象为出发点的城市形象系统构成，是以企业形象系统的基本结构为依据的。其主要内容包含城市理念形象系统、城市行为形象系统、城市视觉形象系统三大方面。

其次，以城市规划设计为研究出发点的城市形象系统结构。在以城市规划设计为研究出发点的城市形象系统中，城市形态和城市景观是一项不可缺少的组成要素，它不仅是城市形象内部和外部形态的有形表现，同时还承载着深层次的文化内涵,是城市物质因素与精神因素的总和。

3. 城市品牌形象系统的五维结构

美国学者狄克·拉波波特把城市定义为"社会、文化和领域性的变量",城市品牌形象系统恰恰体现了这种社会、文化和领域性变量的城市特质。

城市精神识别是指城市的发展哲学与城市理念的可识别性。城市行为识别是指在城市精神制约下的个体与群体的行为的可识别性。城市行为体现了城市精神与内涵的动态识别特征。城市行为识别系统包括了政府行为识别、企业行为识别、个体行为识别和城市动态行为识别等因素。城市行为具有三维的动态识别特征,涉及市民行为规范(观念、行为、风俗习惯、道德风尚、交往方式等)、制度规范(政府、组织的管理行为、管理手段、服务方式、目标效果)等要素的识别与传播。城市视觉识别是指对城市整体印象的视觉可识别性。城市视觉识别是城市内涵外在的表现形式,也是城市识别及内外沟通的媒介。城市空间环境识别是指以城市建筑和景观等物质形态的视觉可识别性。城市的空间环境即是城市内涵的物质形态,也是城市形象的直接载体。城市空间环境识别系统由典型的城市风貌、典型的城市规划、典型的城市空间、典型的城市节点等要素组成,体现出了城市的三维识别特征。

三、城市品牌形象的属性

(一)城市品牌形象的文化属性

英国著名人类学家 E.B. 泰罗对文化下的定义为:"从广义的人种学含义上讲,文化或文明是一个复杂的整体,它包括知识、信仰、艺术、法律、伦理、习俗,以及作为社会一员的人应有的其他能力和习惯"[74]。城市是人类社会文化

74/ 参见张鸿雁:《城市形象与城市文化资本论》,东南大学出版社,2003 年版。

的真实写照,反映着它所处的时代、社会、经济、生活方式、科学技术、哲学观点、人际关系及宗教信仰等。城市是文化的物质表现,文化是城市的灵魂,与其说世界上的城市千差万别,倒不如说是城市文化的差异所致 [75]。

1. 城市的文化特质

城市文化随着城市的产生、发展而形成,在自然、社会和经济等诸因素作用下,体现出以下几方面的特质。

（1）集中性

人类社会总的发展趋势是城市化,除了人口与生产以城市为中心集中之外,人类物质与精神文明是以城市为中心汇集起来的,这个集合过程使城市文化更具社会化,涵括面越来越广、凝聚力越来越强。当代世界城市化的迅速发展,这种文化的集中性显得更为突出。在城市发展的过程中,城市文化以一种强大的凝聚力,将市民凝聚在一种文化上,形成一个统一体时,便构成了一个城市品牌形象的内核。

（2）地域性

城市文化的形成是一种历史积淀的过程,由于地理位置、气候条件,生产生活方式的差异等因素会形成不同的地域文化,不同地域文化又存在着其个性特征。城市文化的地域性是指,文化上可以认同的居民及其他人们不得不接受的环境条件和历史文化空间。地域文化是城市文化产生的基础,也是城市个性形成的重要因素。虽然现代化的媒体传播手段使当代生活具有更多的共性与趋同性,对地域文化产生了一定的冲击,但这并不意味着地域文化的消亡,相反,在这种情况下地域文化显得更具文化特色和生命力。

（3）层次性

城市文化是一个多层次、综合、复杂的统一体。从城市文化精神和物质的表现形式及关系上分析,城市文化可分为三个层次:一是社会意识、制度、宗教等;二是社会生活、风俗、习惯、审美等大众文化;三是前两者的物化。城

75/ 参见钟凌艳:《文化视角下的当代城市复兴策略》,重庆大学硕士学位论文库,2006 年。

市文化的层次性和历史积淀决定了它不会是单一的形态[76]。而恰恰是这种矛盾性和复杂性使得城市文化产生了内在张力,而这种张力会对城市文化的发展起到一定的驱动作用。

（4）蔓延性

城市的形成为人流、物流、信息流大量频繁的交流提供了极为便捷的场所,不同的文化在城市里得以交流与发展。人类的知识、思想、经验、机能在城市里日复一日,年复一年地积累着,并被整理加工为一种约定俗成的生活秩序[77]。城市文化在交流和发展中呈现着远离传统、趋向共通性的势头,并向城市四周蔓延,这已成为城市天然的属性和功能。例如,近代史上西方文化随军事、宗教和贸易手段的传播,在中国沿海城市形成了以租界区为中心的舶来文化。当代沿海开放城市文化对内地的渗透与蔓延,同样也是一个相互同化的过程。在城市文化的这种不断向周边蔓延的过程中,人类文明相应地也得到了传播与发展。

2. 城市的人文形象

城市是客观的存在,而城市形象却能被感知。在城市形象被感知的过程中,每一个人的心理都存在着某种心理"定式",对城市客观存在的形象进行重新认知与定位,被感知的结果注入了主观的印象。随着社会发展,历史文脉的延续,物质文明与精神文明积淀,城市发展的过程中逐渐形成了具有不同地域特色的人文形象。城市的人文形象是以非物质的形态表现出来的,具有强烈的人文意味,以及城市情感、城市情境、城市情节等人文属性。

（二）城市品牌形象的审美属性

从审美对象方面来看,城市的自然环境和社会环境都是城市审美的对象。从审美过程上来讲,城市的审美首先是从对城市的感知开始,然后作出理性的美学评判。从审

76/ 参见李曼:《现代城市文化的比较研究——以大连和沈阳为例》,辽宁师范大学硕士学位论文库,2006年。

77/ 参见郝利:《高等学校与文化城市互动发展问题研究》,广西师范大学硕士学位论文库,2008年。

美心理上来看,城市审美的主观性也十分明显,受个人经历、心态、遭遇的影响,每个人对城市的审美感知程度也必然存在不同,对城市的审美感受更是存在明显的个性差异。当直接感受到城市时,审美主体与客体在交流中相互作用,主观的认知能力、个体与城市互动的方式与结果,都影响着个体对城市品牌形象的审美感知。

1. 城市的物质文明与形式美

城市的物质文明指的是城市的物质形态。对城市的审美感知首先依托于特定的物质媒介,即是通过城市的建筑、景观、自然环境、基础设施等媒介获得的直接审美感知。

物质形态的形式美是城市品牌形象形式美的重要组成部分。宏观上的物质形态包括城市的规划与建设,微观上的物质形态包括城市的植被、桥梁、广场、园林等方方面面。城市的物质形态无不体现着人类诗与思的印记、折射出人类对美的追求。我们把城市物质形态的建筑称为凝聚的音乐、永恒的艺术,就充分说明了城市物质形态重要的审美价值。城市的物质形态不仅具有极其重要的实用价值,同时也是具有永恒的审美价值。

在城市化进程中,把审美意识融入城市建设中,提高城市的品位和审美价值,充分体现出了城市品牌形象外在的形式美。如哈尔滨的俄罗斯风情、杭州的江南风韵、上海的海派时尚、北京的皇家风范、拉萨的藏族风情等,尽管各个城市的建筑形态千差万别,但都具有各自独特的审美意味和审美价值,构成了多彩多姿的东方城市之美。

人们对一个城市"美"与"不美"的评价,既是人们对城市的感知,也是对该城市品牌形象形式美的评价。城市品牌形象建设始终应该围绕"美"的概念不断地更新理念、创造形象。

2. 城市的精神文明与美感

城市的精神文明指的是城市非物质形态的文明。对城市的审美感知除了特定的物质媒介之外,还有非物质媒介的城市文化、历史、民风民俗,以及市民的行为规范、伦理道德等精神文明元素。从美学的角度来说,审美意识渗透于城市物质内的东西,即为城市的建筑、景观等物质形态;渗透于城市精神内的东西,即为人们的生活方式、道德规范等非物质的形态。

城市形象是由多种因素所构成的对城市的整体印象。对城市形象的艺术感知,是城市行为综合作用的结果。城市品牌形象设计把城市的内部审美要素与外部审美要素结合起来,创造出对于外部环境来说是合理的、科学的、统一的、整体的艺术形式,从美学意义上来塑造城市品牌形象,并让大众通过典型的艺术形式来感知城市品牌形象。城市市民既是城市形象感知和评价的主体,同时亦是城市美的建设主体。市民的行为规范、精神风貌及文明素养等构成了城市的精神内核,城市的精神文明体现在市民的举手投足之间。

在城市品牌形象的建设中,无论是物质文明体现的美的存在,还是精神文明体现的美的现象,只要能够体现城市这一地域空间的独特个性,都属于城市品牌形象审美的范围。

(三)城市的经济属性

城市品牌形象的经济属性主要体现在以下几个方面。

1. 整体性

整体性是指诸多的经济要素结合而成的有机整体的存在并发挥作用。现代社会是经济社会,而城市又是经济的中心。城市品牌形象是一项整体战略,其经济属性也必然具有明显的整体性特征。

城市品牌形象的整体性在宏观上体现为,要整体考虑城市的资源优势、产业优势和经济特色,来确立城市整体的经济发展目标和经济发展模式。经济的整体性不是把城市经济看成单一的产品、企业或者独立的产业，而是要从整体战略的高度，从资源的承载能力出发，整体考虑资源的合理配置和利用。城市品牌形象的整体性，微观上也体现在具体的设计上，要用整体的观念统一各个识别要素，形成统一的形象。

2. 结构性

结构性是指组成整体的各部分按层次或类别的搭配和安排。城市经济发展需要整体的规划与定位，其整体功能是由其内在结构决定的。经济的内在结构是指城市各种经济形式与资源等各要素之间、各要素与系统整体之间互相联系、互相作用的方式。经济的外在结构是指城市经济与周边地区的经济或产业结构的合理性上。不断地优化城市经济结构，确立最为适应的经济运行结构体系，是知识经济整体性的具体表现。合理的经济结构是城市经济发展的保障，也是城市可持续发展的保障。另外，还应特别注重对能代表城市品牌形象的支柱产业、企业以及产品的开发和市场拓展，通过扶持培育使其成为城市的品牌产业或品牌产品。

3. 开放性

开放性是指各个系统总是在一定环境之中，并且与周围环境的其他系统进行着物质、能量、信息的交换。城市既是一个特定的空间概念，也是一个对外开放的窗口，开放性是城市经济发展的必然。城市经济的发展不是孤立的，城市的经济发展总是与城市周边区域的经济发展联系在一起，城市经济的开放性还体现在城市品牌形象的传播与推广上。

虽然在市场经济中许多厂商并没有打出"城市品牌形象产品"的牌子，但其实际已经在普遍利用城市品牌形象的品牌效应来宣传自己的产品，如"青岛啤酒""西安杨森""广州本田"等,在传播产品品牌的同时,也在传播各自的城市。城市品牌形象作用于外部,具有一种较强的扩散力和辐射力:如巴黎的"时尚之都"、维也纳的"音乐之都",这些城市品牌为全球所认同,就充分显示了扩散力和辐射力的作用。

人们对事物的印象往往是以个人价值判断为前提的,但是人们对城市的印象,往往可以成为人们的心理期待与心理定式。当我们谈到某个知名的城市时,评价的主体会对城市存在着一种整体的看法。在这个层面上讲,人们对城市品牌形象的认知和评价过程,也是人们对城市品牌形象文化、审美、价值三大属性的体验过程。

四、城市品牌形象的可识别性

（一）城市品牌形象可识别性原理

品牌形象的识别有其科学的原理,涉及生理学、心理学等诸多学科。城市品牌形象塑造的目的就是为了识别,并通过识别进行品牌形象的传播。

1. 视觉记忆

视觉记忆是指大脑储存视觉信息的能力。视觉记忆具有视觉生理和视觉心理双重特性。

视觉记忆现象是互动的视觉效应。互动的视觉效应是指主观与客观的互动,是指客观现实与主观意识的互动,也就是视觉与记忆的互动。著名的视觉心理学家格列高里曾说:"对物体的视觉包含了许多信息来源,这些信息来源超出了我们注视一个物体时眼睛所接受的信息。""知觉不是简单地被刺激模式决定的,而是对有效的资料能动地寻找最好的解释。"换句话来说,就是人看到某种直觉性质的物体时,或者当一种强烈的个人需要促使下希望看到某些直觉性质的物体时,其记忆痕迹便会对视觉产生强烈的影响。简单地说就是,当我们的视觉接触过一个形象符号,视觉再次看到后第一反应是:我见过它。这是视觉记忆"唤醒"了大脑皮层对这个符号以前的认识。如果这个符号具有显著的个性特征或者被反复的视觉刺激过,那么其记忆性就更强。

视觉记忆是视觉沟通的结果。品牌形象的识别是通过"同一符号"或"同一印象"与受众进行沟通的,并在品牌推广中产生积极的作用和有效的影响力。视觉沟通泛指"用符号说话",既是把品牌形象作为沟通的媒介,又是利用品牌形象的视觉冲击力和产生的记忆来打造品牌形象。依据符号学原理,品牌形象是以视觉标识和代码的形式存在的,视觉符号既是品牌形象的载体,又是品牌形象的外延形式。品牌形象的传播过程其实是视觉符号的编码过程,品牌形象的视觉编码要依据信息传播原理,围绕品牌的历史、文化、个性特色,展现完美独特的视觉形象。在品牌形象的视觉沟通过程中,独特的视觉形象或者反复的视觉刺激都会产生强烈的视觉记忆。

2. 心理认知

广义上的心理认知是指人的认识过程,人的心理认知经历了信息的接受、编码、贮存、交换、操作、检索、提取和使用的过程,心理认知强调了人已有的知识和知识结构对当前的认知活动起着决定作用。无论人类是作为信息传播的主体或客体,对客观事物的认识过程,就是心理认知的过程。心理认知是人对客观事物的能动反应。

人们在生活中的经验积累作为一种心理沉淀,会在不自觉中参与心理认知过程,并可以影响人的直观感觉。心理学研究表明,人的视觉对于信息的接收是有"选择性"的,只有那些契合接受者潜意识需求的信息才会被注意,才能产生与心理的共鸣。如人们提及古城就会立刻联想到西安；提及西湖就会联想到杭州等，这既是对城市品牌形象的心理联想，也是人们对城市品牌形象的心理认知。

（二）城市品牌形象可识别性要素

著名的城市规划学者吉伯德曾说过："城市中一切看到的东西，都是要素。"的确，无论是城市的物质形态，还是城市的非物质形态，一切可以看到的东西，都是城市的视觉元素，也都具有可识别的特征，所以也都是城市品牌形象的识别要素。

城市品牌形象建设就是通过对城市标志性建筑、标志性景观、标志性的街区、标志性公共空间的规划与建设，来强化城市品牌形象的视觉识别特性，并通过典型形象使人们留下深刻印象并产生记忆。

著名的符号学专家罗兰·巴特认为："城市是一个论述，我们仅仅借由住在城市里，在其中漫步、观览。就是在谈论自己的城市，谈论我们身处的城市。据此，城市本身是有意义而可读的正文，而且城市正文的写作者，正是生活其中的人。"由此可见，我们生活在城市的空间环境之中，对城市空间环境的把握是基于我们自身的需求和感受。

城市精神可唤起市民主体意识的觉醒，以共同的城市发展信念与价值取向为核心，凝聚力量推动城市的发展。例如，湖南长沙人"心忧天下，敢为人先"的城市精神，饱含了湖南人在中国近代史上解放思想、敢闯敢试、开拓进取的革命精神，同样也是当代长沙人的精神写照，具有显著的城市精神的个性特色和识别特征。

中国有句古语，用"道不拾遗、夜不闭户"来描述一个城市的行为风尚，就是对这个城市行为文化模式的肯定。在城市品牌形象建设中，我们经常听到的一句话"个个都是城市形象、人人都是投资环境"，强调的就是个体行为与城市形象的关系。人们对一个城市的评判，往往可能因为一件微不足道的小事，影响到对整个城市的印象，无论是政府行为、企业行为还是人们的个人行为都直接关系到城市形象的好与坏。

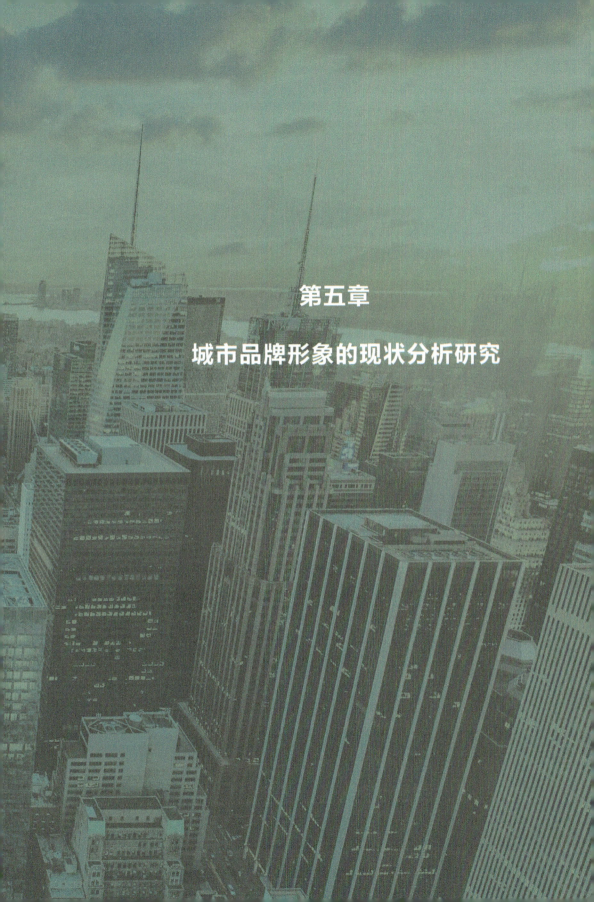

第五章

城市品牌形象的现状分析研究

第一节　城市视觉形象的概述与发展

　　"形象"是指能引起人思想或感情活动的艺术形态,顾名思义,"城市视觉形象"就是人对城市中可视的、可感知的、完整且具有感染力的视觉形态所产生的感受。

　　城市的标志建筑、标识符号、城市色彩等都属于城市形象,是城市识别中视觉方面的元素。国家与国家、城市与城市之间都存在着独树一帜的城市视觉风格。自 CI 理论被延伸至城市品牌后,城市视觉形象就是城市视觉识别的体现,在对城市视觉形象进行要素整理时,可参考企业视觉形象识别系统,再将其要素进行整理。

一、城市品牌形象 LOGO 整体分类

　　现如今的城市视觉形象设计已经不光是传统的旅游文化宣传,而是专门围绕城市各个层面探索、研究再设计和设计某个品牌形象相比,设计一座城市的视觉形象是一个更浩大的工程,它需要了解这座城市的方方面面,从中挑选出合适的元素进行设计,让当地人和游客能因发现它们的出处而会心一笑,或是激起他们探索的欲望。其中城市 LOGO 是城市品牌形象的重中之重,也是城市发展到一定阶段会产生的必然举措。好的城市 LOGO 能简单明了地突出城市特色,有强烈的可识别性,这不仅易于城市品牌的传播,简单的图形设计也有利于城市 LOGO 在各种传播媒介上的使用。在城市 LOGO 的整体分类上大致可以分为以下几类。

（一）城市建筑

1.G20峰会会标

清晰的城市规划、特色的城市建筑、宽阔的林荫大道在城市视觉形象的塑造中起着至关重要的作用。建筑的功能性不仅满足了居民生活工作的需求，同样也反映了这个城市人民的精神追求与文化内涵。建筑对人的视觉有较强的冲击感，所以留下的印象也会比较深刻，例如，在历届G20峰会会标的设计基础上（图5-1），运用"G20 2016 CHINA"作为LOGO中构建信息的主体因素，在保证可读性的前提下，尽量弱化了字体设计自身的气质特点，将原字体的特性降低到"无"的层面。它不是一座具体的桥，它是一个符号，它是一座指向性的桥，代表的是开放、包容和国与国之间的相互理解和沟通，这是一座精神之桥。还有很多国家城市都是采用举办城市具有代表性的建筑作其会标。

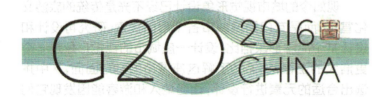

图5-1　G20峰会会标

2.广州城市LOGO

例如，广州著名建筑广州塔（图5-2、图5-3）。此LOGO由"广州"二字组合成广州新地标广州塔的图形，LOGO设计时将"广州"的汉字形式与广州著名地标"小蛮腰"——广州塔结合，以视觉为媒介，以图形表现这座城市的独特气质。设计中两道圆滑的弧线相向且相交，整个图形表现出强而有力的张力且又笔直挺拔。整个造型如南来北往的飞鸟，又如驰骋向前的船帆，竖着的条纹似水流样，体现一派千年商都海纳百川的繁荣景象，整个图形凸显出了广州国际化、智慧型的城市风貌特征，也正与广州勇于尝鲜、追求个性、开放包容的城市文化特征相契合。极具辨识度和现代美感，整个图形凸显出国际化、智慧型城市的风貌特征。

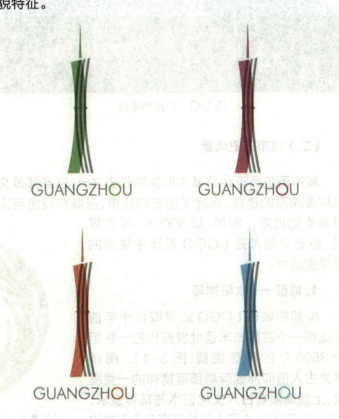

图5-2 广州"小蛮腰"

图 5-3　广州小蛮腰

（二）城市历史风貌

城市历史风貌也是城市形象的代表之一，这些都是文化积淀深厚的遗迹，充满了历史和故事，是城市特色与文明聚集的地方。例如，城市街道、城市景观，历史文物都是 LOGO 设计中常用的表现提炼物。

1. 成都——太阳神鸟

成都的城市 LOGO 就是取自十年前在成都一个古蜀城市遗址发掘出的一块距今 3500 年的神话图腾（图 5-4）。图腾作为古人信仰神或崇尚部落精神的一类图案，上面凝聚着古人文化艺术与精神追求，LOGO 设计中，4 只太阳神鸟寓意着四季的轮回，12 道光芒则寄寓着一年十二个月周而复始的哲理，丰富地展现出成都这个中国西南最富饶之地的璀璨文明。

图 5-4　成都城市 LOGO

2. 汨罗——龙舟

汨罗历史悠久,是世界四大文化名人之一屈原怀沙自沉以身殉国的地方。汨罗的端午节是湖南省的文化遗产,汨罗的国际龙舟节更是吸引了世界各地的朋友,龙舟便成了汨罗极具地方特色的标志。

汨罗城市标识以龙舟为主体(图5-5),以表现汨罗人民积极奋进的精神。绿色有成长和久远的含义。暗喻汨罗市作为一个新兴的城市,承载着悠久而沉重的历史文化,不断奋进,勇往直前,整个标志从图案到字体,都运用了一种古朴的风格,符合城市的个性。

图5-5 湖南汨罗城市LOGO

（三）动植物吉祥物

1. 列克星顿——蓝马

动植物吉祥物指生长在城市中,并能代表城市的地域特征或者精神内涵的动植物。举世闻名的"世界赛马之都"列克星顿(Lexington)位于美国肯塔基州中北部。在国际上,来自欧洲、中东、亚洲和澳大利亚的买主们都会到肯塔基州来买最顶级的纯血马,是良种马饲养业的贸易中心。列克星顿和肯塔基州中部是举世闻名的"世界赛马之都",那里有 450 家纯血马马场,其中最为著名的 keeneland 马场,除举办赛马比赛,还有一年一度的 Keeneland 纯血马拍卖大会。最近,列克星顿旅游局推出名为"VisitLEX"的全新的城市品牌形象,使用以列克星顿著名画家 Edward Troye 于 1868 年创作的油画"蓝马"作为城市的形象符号(图5-6、图 5-7)。

图 5-6 列克星顿城市形象符号"蓝马

2. 海牙——鹳鸟。

同样,海牙作为荷兰第三大城市,

图 5-7 城市形象符号"蓝子"的运用

位于西荷兰的南荷兰省,同时也是该省省会。联合国国际审判法院就位于海牙,因此海牙被誉为"和平与正义之城",因此海牙市政府决定重新设计自己的市徽 LOGO。全新的标志由戴有桂冠的盾牌、象征权威、力量和勇气的狮子、海牙荷兰语名称和海牙市徽——鹳鸟组成。盾牌两边的狮子图形运用色块拼合而成,这种表现方式体现了海牙城市及其市民多元化的生活方式。下边绿色的丝带写了"和平与正义(Vrede en Recht)"的城市口号(图 5-8)。

图 5-8　荷兰海牙市徽

(四)中英文变形

为了顺应城市的国际化发展需要,许多城市都更新了自己的视觉识别形象,国际大都市在世界的地位决定了城市视觉形象由偏图形化形式视觉形象变换为更为简单更具文字识别性的文字型视觉形象设计。

1. 日本东京

日本的首都东京是世界上名列前茅的国际大都市,同时也是日本的政治、经济、文化中心。2017 年,东京对外发布了全新 LOGO 和口号"Tokyo Tokyo Old meets New"。全新的标志由两种不同的字体呈现"Tokyo",为了彰显城市传统特色,新标志中包括了一枚传统邮票,上面印着东京最新的观光地标:涉谷交通交叉路口,新城市 LOGO 将用于国外各种宣传活动,在国外有效地宣传东京的美丽风光(图 5-9)。

图 5-9 　两种不同字体与一枚红色邮票共同呈现的东京城市标志

2. 克拉科夫。

克拉科夫,全称克拉科夫皇家首都,于维斯瓦河上游两岸。建于 700 年前后,是中欧最古老的城市之一,为维斯瓦族的故乡。1320—1609 年为波兰首都。克拉科夫历来是波兰学术和文化中心,是波兰最重要的经济中心之一,被认为是欧洲最美丽的城市之一。随着时代的发展,标志的图形字符需要适应不同使用场景和呈现方式,例如电脑、智能手机和应用程序等。这一切都意味着,是时候对克拉科夫标志进行提升和现代化的改进了。旧的标志看起来很酷,体现了城市的历史悠久,但是略显陈旧感。新的标志使城市中心街道网格的视觉效果更加清晰。克拉科夫白色和蓝色代替了原来的橙色和深蓝,使标志看起来更加清晰和现代(图 5-10)。

旧 | 新

图 5-10 　克拉科夫全新城市品牌形象

图 5-11　河南龙门石窟

3. 汉字 LOGO 设计。

　　每个城市都是独一无二的, 每个人心中都有一个不一样的城市, 设计师通过汉字变形设计展现地方特色风貌, 以地名和字体结合当地特色进行创作, 寓情于景, 融画于字,惟妙惟肖(图 5-11 ～图 5-14 所示)。

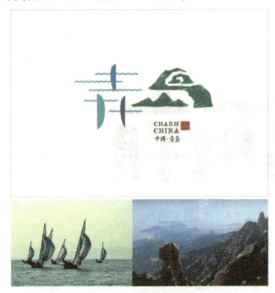

图 5-12　青岛帆船之都

图 5-13　安徽城市品牌形象 LOGO

图5-14　西藏品牌形象LOGO

　　泸州城市形象标识,在"中国酒城"的金色篆字印章的
基础上,用反白的手法融入泸州的"泸"字,这一标识的设
计摒弃了以酒器为原型的常规思路,与其他以酒闻名的城
市形成区隔。标识以泸州最响亮的名片——"中国酒城"
为设计原型,总体风格为篆字印章风格,其匠心独运之处在
于以"中国酒城"四字的部分笔画巧妙地拼搭出"泸"字。
标识造型简单大气,设计新颖独特,契合泸州底蕴厚重的城
市气质,凸显了泸州的城市定位(图5-15)。

中国酒城·醉美泸州

一座酿造幸福的城市

图 5-15　泸州城市形象标识

（五）双关化设计

利用城市名字作出双关 LOGO 的想法，并用图表现了出来，这类 LOGO 设计在表现形式上更为有趣，更具趣味性，很多一语双关式的表达很容易让人通过设计产生对城市形象的联想，加深城市某些特质上的印象，这也是现在设计师很爱尝试的城市主 LOGO 的表现方法。例如 London 伦敦 Lond+on（开启）（图 5-16），单词的拆分，往往给人一种语意上的全新理解，寓意伦敦作为一座老牌西方大国，正在开启一种全新的面貌，焕发着新的城市魅力。又例如 Paris 巴黎 Par　Pair（一对情侣）+is，英文的拆分，部分的图形化，使得巴黎作为一个浪漫之都，形象上更为生动，很好地切合了巴黎在人们心中的形象（图 5-17 ）。

所以，在着手设计城市 LOGO 之前，我们首先要追根溯源，挖掘城市的核心特色，这也是为什么笔者在前几章一直在分类、梳理城市文化方方面面的原因，只有搞清楚城市未来的发展方向、产业结构和经济支柱是什么，对于城市已有的文化资源应该倡导什么、鼓励什么、推广什么。才能更准确地抓住城市文化的精髓，才能更好地推导和提炼有助于城市发展的理念，然后再进行视觉上的创意设计，如此才

图 5-16 London 伦敦 Lond+on（开启）

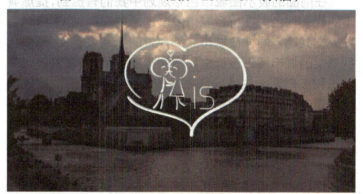

图 5-17 Paris 巴黎 Par Pair（一对情侣）+IS

能最大限度地释放视觉表现力的价值。

二、城市品牌形象辅助图形整体分类

（一）图形化具象图标

城市品牌形象主要以城市的标志形象为首要，通过 LOGO 最为直观地展示城市特征。在此之后往往还会通过一系列视觉辅助图形,加强城市视觉感受,主要从基础系统和应用系统两方面来建构。首先是基础系统的设计上,主要以城市的标志形象为首要,其次通过对标志视觉形象的图形、字体、色彩及尺寸等视觉形象识别要素的严格化定义,确保基础系统的完整和统一。城市标志的设计过程是将城市形象精神文化的内涵以视觉符号的形式表现出来的过程。城市品牌形象的定位的关键是寻找城市的差异性,将提取于城市大大小小具有象征性的元素进行艺术化提炼设计加工,最终形成我们所看到的明确内涵和完美造型的差异性符号,从而形成一座城市完整的城市品牌形象手册。

1. 波尔图城市指示图标

在前面的波尔图城市色彩规划中我们有提到,提炼城市的代表性色彩在符合城市发展理念的同时,能很好地引发人文共鸣。同样在城市品牌形象的策划设计上,具有象征意义的城市图形设计也具有同样的作用,设计师将代表城市和波尔图人生活的形象做成了70余个图标,组成一个完备的城市视觉识别系统。图标间的不断组合叠加,仿佛在构建城市中的不同生活圈,图标涉及波尔图日常生活中离不开的交通、建筑、运动、娱乐、大海、文化,每一个生活中波尔图空间领域的人,都会通过某一个图标找到自己正在进行的生活状态。或正在通过轨道交通出行,或正在与大海来一次亲密接触。这种图形上的共鸣感,很好地提升了城市的整体品牌形象。这些图形在未来也可能不断更新,不同的组合可以让人去感受不同的故事、不同的城市景观或者不一样的生活片段。设计者希望让每个生活中的波尔图人都可以找到属于自己印记的城市符号(图5-18~图5-24)。

图 5-18　城市风光类

图 5-19　房屋建筑类

图 5-20　海洋与河流类

图 5-21　日常饮食类

图 5-22　文化学习类

图 5-23　运动健身类

图 5-24　交通设施类

2. 纽约城市品牌重塑图标化

说起纽约,你可能会想起一些极具辨识度的元素,比如穿梭在纽约曼哈顿楼宇中的黄色福特维多利亚皇冠出租车。但为了让纽约市民特别是外国游客,对纽约有更具象化的认知,纽约市发起一项"品牌重塑"的项目。纽约市品牌视觉重塑的其他部分还包括一套图标和重新设计的色号。无视语言障碍,尽可能地与最多的受众进行沟通,基于纽约市标识几何结构的这些图标为网站、地图、官方游客出版物等增加了视觉辅助。为了体现对比、活力与动感,纽约市旅游会展局主品牌色——黑色将一直与丰富的色彩相配,灵感来自于城市本身,如黄色的出租车,绿色的自由女神像,蓝色的标志性希腊咖啡杯等。城市品牌重塑后的250 个新图标,从卫生部门、公园到各种娱乐机构都有,图标将被应用于所有政府机构,部分标识甚至是机构本身自行设计的(图 5-25 ~ 5-27)。

很多时候图标是一种特别强有力的工具,尤其是对外国游客来说,有很强的信息传递功能。统一的视觉语言——对于引领时代的大都市纽约来说,更是相当的重要。

图 5-25　划分细致的图标图形设计

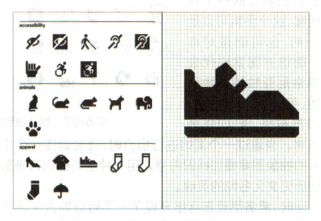

图 5-26　划分细致的图标图形设计

（二）几何化象征性图标

1.博洛尼亚城市品牌设计。

博洛尼亚（Bologna）位于加拿大北部波河与亚平宁山脉之间的一座历史文化名城，是艾米利亚—罗马涅的首府。是意大利的第7大城市，也是意大利最发达、最古老的城市之一。设计师将26个英文字母赋予了另外一种语言。每个字母都有自己独立的一个几何图案，这个图案可以是单一的，也可能是对称的。而这些图案也代表着博洛尼亚独特的地理位置，每个图案都或许象征城市布局，塔、门柱等建筑物。当通过一个词组进行组合时，就会诞生一个丰富多彩的抽象图案叠加标识符号。用一种全新的语言来形容这座历史文化名城的灵魂。

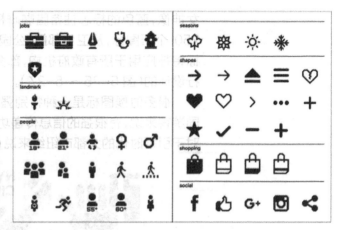

图 5-27　划分细致的图标图形设计

同时，博洛尼亚在网络开设了一个可以输入文字生成标志的平台。这样，每个博洛尼亚人都可以将自己的名字生成一个属于自己的专属名片标志。个人名片也成为了城市品牌形象中的一部分（图 5-28 ～图 5-31）。

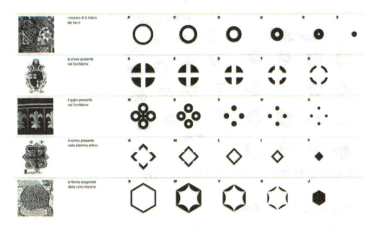

图 5-28　代表 26 个字母的抽象化城市图形

2. 斯捷尔利塔马克城市品牌形象设计

斯捷尔利塔马克全新城市品牌视觉形象的核心要素，源自三只在蓝色海边上自由游泳的银鹅。品牌设计公司采用三的数量的意思是数量丰富，完整性的象征，三凸显出完整、独立、和谐的城市。三角形金字塔模型是代表城市和谐的最好方式，构成三角形的图形元素可以是彩色的，可以收集与设计任何想要的模式或搭配。特殊的模式表明，独特的城市品牌要素，有其不同的颜色和形式。特殊模式意味着独特的颜色和

图 5-29　根据单词字母进行图形叠加生成 LOGO

图 5-30　每个领域都有自己的 LOGO

图 5-31　城市居民名字字母图形
叠加生成的专属标志

图形的逻辑构成,符合城市品牌形象的需要(图 5-32 ~ 图
5-34)。

图 5-32　斯捷尔利塔马克城市 LOGO

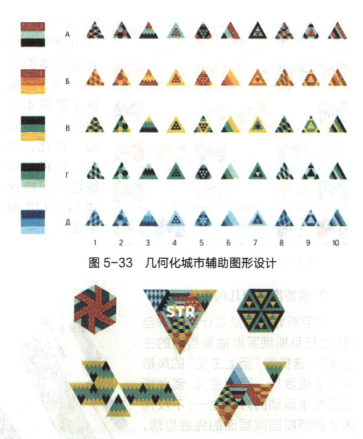

图 5-33　几何化城市辅助图形设计

图 5-34　设计要素上的自由组合

（三）主符号的个性化创意

城市的辅助图形设计图标设计上，有的只是在主LOGO 原型上发生变化，通过 LOGO 内部图案色彩的变化演变出不同的城市公共领域象征。

1. 墨尔本视觉形象多元变化

墨尔本新的市徽设计，以反映这座国际公认的多元、创新、宜居和重视生态的城市形象。市长道尔（Robert

图 5-35　墨尔本市多元变化市徽

Doyle）表示，"新的市徽将成为墨尔本的一个符号，它象征了墨尔本市的活力、新潮和现代化。墨尔本也将一如既往的保持这些特色（见图5-35）。

2. 俄罗斯抽象几何变化

俄罗斯城市视觉设计灵感来自20世纪早期俄罗斯抽象绘画的主要流派，选择用"至上主义"的风格来代表俄罗斯。至上主义，俄罗斯先锋艺术运动的方向之一，不仅代表了俄罗斯国家层面的先进思想，站在全世界的角度也是如此。它绝对经受了时间的考验，成为今天俄罗斯视觉美学的标志（图5-36）。

人们可以在这些几何图形上找到俄罗斯地图上对应的主要地区，由10个几何图形组成的俄罗斯地图（图5-37、图5-38）。

图 5-36　马列维奇《至上主义的创作》

反观一系列优秀的城市品牌形象案例,我们不难发现优秀的城市品牌形象的设计, 关于抽象性的体现,西方非常的丰富,在形式美的处理上也十分讲究,将类似点、线、面组成的几何图形用于那些不适宜采用具体形象来变现的内容,有较强的可视性,并能使人产生联想,耐人寻味,同时注重运动多变、自然奔放以及韵律感。这些图形上的设计、把握与创新其实都离不开对城市建筑、城市历史文化、城市色彩、城市精神全局上的把握、调研与提炼。

图 5-37 俄罗斯城市视觉设计

图 5-38 俄罗斯城市视觉设计

第二节　城市品牌构建中视觉
　　　形象设计的原则

　　城市视觉形象是城市核心价值的外在表现,主要以精练的图形图像来传达城市内涵和寓意。在城市视觉形象系统构建中,符号是应用最广泛、最核心、最能彰显城市个性的视觉元素,视觉形象的概念不断完善,现今涉及管理学、传播学、信息学等众多学科领域,要综合表现城市视觉形象,就要遵循以下易于识别、普遍认同、个性突出三项原则,将视觉形象的外在功能作用发挥最大,进而巩固城市品牌的塑造。

一、易于识别原则

　　城市视觉符号是城市理念和行为的外在体现,也是城市开展信息传播的主导力量,它贯穿于城市发展的所有活动中,是城市精神的具体象征。一个城市的视觉符号不仅要体现过去的发展历程,还需要展现现代的发展目标和诉求。例如,前面有提到的本土设计师石昌鸿城市视觉品牌设计作品,用两年时间将中国 34 个省市的名字重新设计,使城市名设计不仅具有辨别度还从色彩与造型上突出城市的独特性,以前面的桂林为例,在设计旅游标志时,首先要了解当地历史、人文、自然习俗,提炼出最具代表的元素,他选择以"桂林山水甲天下"为设计主题,以"桂林"的字体设计为主要造型,主色调采用墨绿色渐变青色,以此突出桂林的"山水"特色。乍看这个旅游标志,很容易识别出是"桂林"二字,受众在易识别的基础上不得不感叹这个设计的精妙之处(图 5-39)。

图 5-39　桂林风貌

当城市视觉形象被易于辨别后,自然而然就能引起受众的关注度,达到传播的效果,城市符号是囊括城市特色的视觉形象,只有先被认知才能被了解,促使更多的人慕名而来,使城市旅游业、商业、文化建设得以加大提升,从而达到城市品牌形象最大化的树立和传播。

二、个性突出原则

在如今的城市品牌中,不同的城市有着不同的文化底蕴和地域特征,这些特征就是城市的特有资源,当今发展水平较高的城市都有着独特的、有活力的外在视觉符号。如前面有讲到的广州城市品牌视觉设计,标志物 LOGO 现在早已遍布大街小巷。在这个追求个性化的时代,特色就是优势,无论是城市文化内涵还是地域特征,这种具有鲜明、独特的资源就是综合实力的体现。城市 LOGO 的诞生主要目的是用于城市形象的推广和传播,因此,在视觉表现上理应做到承载大部分人所认可的文化感和时代感。城市标志的设计不应该只有单一的思考维度,还应对情感与内容方面加以考量。在设计之初,整合城市各方特色资源,结合适当载体,将城市精髓部分完美展现在受众面前,才能避免雷同。只有让生活在这个城市的人对视觉形象元素产生认同感和归属感,才能突出自身个性魅力,只有突出个性才能强化视觉认知,打响城市品牌知名度。

三、普遍认同原则

城市视觉形象在构建过程中,除了要将发展推动到最大化,还要从观念、行为上引起受众的共鸣。城市视觉形象代表整个城市的价值取向和发展理念,同时也是直观反映整个城市居民的内在精神和涵养的体现。城市品牌形象在

　　构建时,要充分体现公众心理和价值取向,使其在感知视觉形象各要素的同时,形成对城市品牌的认同与支持。

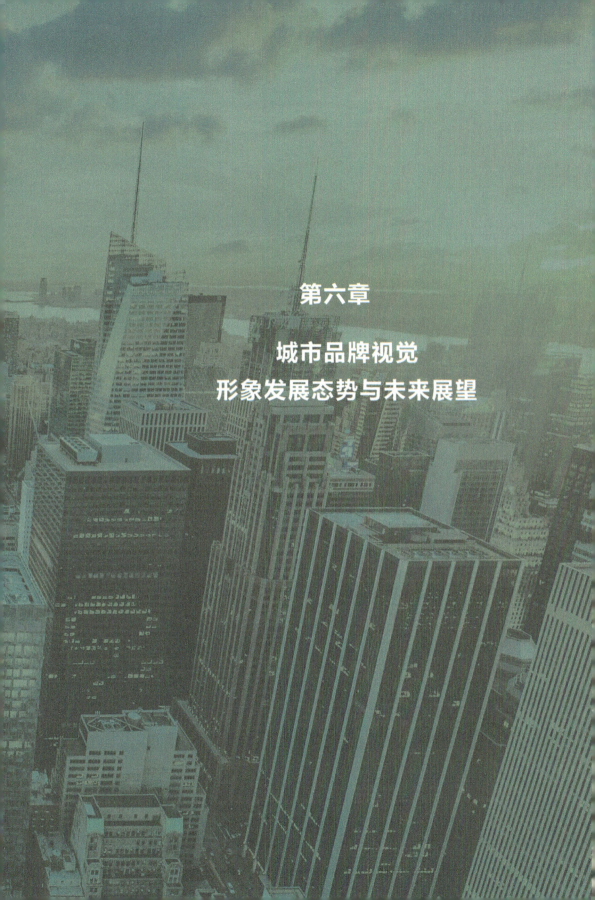

第六章

城市品牌视觉
形象发展态势与未来展望

第一节　城市视觉形象设计的发展态势

城市视觉符号赋予了城市活力与生命,让城市与人能"沟通""互动"。许多城市意识到城市品牌的重要性,因此十分注重城市视觉形象的设计与推广,随着它的变化与发展,创意的简易化表面化、应用的广泛化系统化、形式的综合化多元化已是主要的发展态势。

一、创意越发简易化表面化

Less is more 由德国著名建筑大师密斯·凡德罗提出,这里的"少"并不意味着空白,而是指精简,"多"不是指代繁杂,而是完美,这种去除繁缛装饰而强调功能性的设计风格,从包豪斯时期影响至今。城市视觉形象设计早已称为城市传播的一部分,面对信息时代的发展,信息的广泛高效传播越来越被重视,其设计风格也遵循着简洁、易懂的方向发展。快节奏的生活方式使人们无法长时间驻足某处去研究视觉形象设计的内涵,相比于繁杂的视觉形象设计,创意设计越发简洁、通俗易懂更能得到大众的青睐,这种创意并不会显得浅显庸俗,反而既能突出城市特色又能便于识别和记忆。

二、应用越发广泛化系统化

随着科技的进步、技术的优化,媒介平台呈现出百花齐放的状态,无论是形式还是渠道,城市视觉形象的应用和传播变得越来越丰富且繁杂,在这种局面下,有秩序的操控是必要的。城市视觉形象的设计只是完成了最基本的设计部分,然而如何有效地呈现在大众面前,为大众所接受,才是城市信息传播的重点。在创意简洁使受众通俗易懂的同时,应用广泛化系统化已是大势所趋。

三、形式越发综合化多元化

发展不是单向的,是多元化、多维度的,设计的发展亦是如此,设计融入我们生活的方方面面,随着世界艺术的交流,其开阔性和广泛性使人们的视野更加开阔,思维更加活跃,同时也更渴望内心真实情感的表达,因此多元化的设计也展现出空前的繁荣。当信息传播的承载媒介不同时,传播形式也会随其改变,城市视觉形象设计的简易化,媒介载体应用的广泛化,必然会导致传播形式的综合化、多元化发展。

第二节 城市视觉形象设计的未来展望

一、优秀视觉形象设计更新城市面貌、唤醒城市活力

优秀的城市品牌形象不仅为城市带来新的生机,还凝练了城市精神及未来向往,更新了城市的面貌,典型的"视觉新符号,城市活品牌"。

城市的魅力在于其活力,是品牌传播的强大武器,优秀的、具有世界性的城市品牌都像朝阳一样蓬勃发展并在全球都享有盛誉。城市活力为其长远发展注入新的能量和生机,只有有效运用视觉形象,提高品牌质量,才能让城市长盛不衰、蓬勃发展。

二、创意视觉形象设计凝练城市精神、推动城市文化

创意视觉形象改变生活环境,提升人们生活质量,好的创意形象让城市更具魅力和定向引力。它不仅能改善人们的生活方式,同样也能推动城市文化的进程。创意形象通过不同的形式,潜移默化地将城市特有的文化内涵传播给受众,用"设计"的新手段促进人民健康、保持生态平衡、刺激经济发展、推动了城市文化产业,进而也加强了城市品牌传播的影响力。

三、生态视觉形象设计增添城市魅力、人与自然和谐

随着工业文明到生态文明的转变,生态主义一直备受关注,城市不断面临"保护与发展"的问题,在这个庞大的生态系统中,城市也是其中一部分,每个城市都有责任和义务保护生态环境、节约生态资源。城市品牌也可以是低碳、绿色、环保的,生态视觉形象不仅唤起人与自然的和谐相处,同时还能增添城市魅力、提升城市品位。

当代城市面对的挑战和威胁只会越来越多,在这样的处境下,积极将设计导入整个城市发展,倡导社会设计的思维与做法,追求改变与创新,而不仅限于单一的经济产业领域发展,以包容接纳的态度面对一切好的新鲜事物。用视觉形象的感染力和凝聚力克服城市在生态永续、生命健康、智慧生活、都市再生上面临的所有挑战和困难。

中文摘要

[1] 饶鉴.城市传播与景区品牌 [M].北京：人民出版社,2017.

[2] 成朝晖.人间·空间·时间——城市形象系统设计研究.中国美术学院出版社,2011.

[3] 施大仁.谈城市品牌建设.[D].南京：南京农业大学,2006.

[4] 张鸿雁.论城市形象建设与城市品牌战略创新 [J].南京社会科学,2002（增刊）：116-120.

[5] 让·诺尔·卡菲勒.战略性品牌管理 [M].北京：商务印书馆,2000.

[6] 付雯雯.试论世界风筝之都潍坊—城市品牌的定位 [J].经济师.2009,1（4）.

[7] 周大正.敦煌壁画色彩结构分析 [J].西北民族学院学报,1990（3）：95-100.

[8] 张国良.20世纪传播学经典文本 [M].上海：复旦大学出版社,2003.

[9] 李彬.符号透视：传播内容的本土诠释 [M].上海：复旦大学出版社,2003.

[10] 张凌云.旅游景区景点管理 [M].北京：旅游教育出版社,2000.

[11] 张学荣.论城市形象建设 [J].城市问题,1996,3（2）：34-37.

[12] 施大仁.谈城市品牌建设 [D].南京：南京农业大学,2006.

[13] 舒咏平.品牌：传授双方的符号之约 [M].现代传

播 ,2010,2,106-111.

[14] 钱志鸿 , 陈田 . 发达国家基于形象的城市发展战略 [J]. 城市问题 , 2005（1）: 93-96.

[15] 方丽 . 城市品牌要素指标体系 [J]. 技术与市场 , 2005（5）: 75-77.

[16] 陈墨宝 . 敦煌彩塑的色彩之美 [J]. 雕塑 ,2013（6）: 57.

[17] 贺爱忠 . 西方品牌理论的新发展 [J]. 经济学动态 ,2005, 3（21）: 11-13.

[18] 何佳讯 . 品牌形象策划 : 透视品牌经营 [M]. 上海 : 复旦大学出版社 ,2000.

[19] 周大正 . 敦煌壁画色彩结构分析 [J]. 西北民族学院学报 ,1990（3）: 95-100.

[20] 钱明辉 . 国外地区品牌理论研究综述 [J]. 财贸经济 , 2007, 20（6）: 121-126.

[21] 赵慧宁 , 赵军 . 城市景观规划设计 [M]. 北京 : 中国建筑工业出版社 ,2011.

[22] 刘丹萍 , 保继刚 . 旅游者"符号性消费"行为之思考——由"雅虎中国"的一项调查说起 [J]. 旅游科学 .2006, 20（1）: 28-33.

[23] 曲颖、李天元 . 基于旅游目的地品牌管理过程的定位主题口号评——以我国优秀旅游城市为例 [J]. 旅游学刊 , 2008, 23（1）: 30-35.

[24] 李成勋 . 城市品牌定位初探 [J]. 市场经济研究 . 2003, 6（4）: 8-10.

[25] 过伟敏、史明 . 城市景观形象的视觉设计 [M]. 南京 : 东南大学出版社 ,2005.

[26] 侯奔奔 . 唐代敦煌壁画的佛教文化意义 [J]. 民族艺术 ,2013（3）: 148-149.

[27] 郑保卫 . 当代新闻理论 [M]. 北京 : 新华出版社 , 2003.

[28] 黄震方,等.旅游目的地形象的测量与分析 [J].南开管理评论,2002（3）：69-73.

[29] 陆晔,俞卫东.传媒人的媒介接触和使用行为 [J].新闻记者.2003,6（1）：56-62.

[30] 赵景伟,岳艳,祁丽艳,等.城市设计 [M].北京：清华大学出版社,2013.

[31] 张鸿雁.城市形象与城市文化资本论——中外城市形象比较的社会学研究 [M].南京：东南大学出版社,2002.

[32] 林晓.从城市顾客角度出发塑造城市品牌 [J].经营与管理.2010,6（2）：36-37.

[33] 黄光宇,陈勇.生态城市理论与规划设计方法 [M].北京：科学出版社,2002.

[34] 魏向东,宋言奇.城市景观 [M].北京：中国林业出版社,2005.

[35] 王豪.城市从形象概论 [M].长沙：湖南美术出版社,2008.

[36] 王建国.城市设计 [M].北京：中国建筑工业出版社,2009.

[37] 宋立新.城市色彩形象识别设计 [M].北京：中国建筑工业出版社,2014.

[38] 许雄辉.传播城市 [M].宁波：宁波出版社,2013.

[39] 罗兰·巴尔特.李幼蒸,译.符号学原理 [M].北京：中国人民大学出版社,2008.

[40] 张国良.20 世纪传播学经典文本 [M].上海：复旦大学出版社,2003.

[41] 高静.品牌化：目的地应对未来旅游市场竞争的关键之举 [J].旅游学刊,2008,3（5）：11-12.

[42] 孙鸣春.城市景观设计 [M].西安：西安交通大学出版社,2007.

[43] 徐雷. 城市设计 [M]. 武汉：华中科技大学出版社，2008.

[44] 吴必虎. 中国城市居民旅游目的地选择行为研究 [J]. 地理学报，1997，13（2）：97-103.

[45] 迪特·福里克. 城市设计理论 [M]. 北京：中国建筑工业出版社，2015.

[46] 姜虹，田大方，张丹，等. 城市景观设计概论 [M]. 北京：化学工业出版社，2017.

[47] 刘合林. 城市文化空间解读与利用构建文化城市的新路径 [M]. 南京：东南大学出版社，2010.

[48] 苏永华. 城市形象传播理论与实践 [M]. 杭州：浙江大学出版社，2013.

[49] 吴松涛，常兵. 城市色彩规划原理 [M]. 北京：中国建筑工业出版社，2012.

[50] 韩福荣. 品牌理论发展评述 [J]. 世界标准化与质量管理，2006（9）：4-6.

[51] 赵学波. 传播视野中的国际关系 [M]. 北京：中国传媒大学出版社，2006.

[52] 赵思毅. 城市色彩规划 [M]. 南京：江苏凤凰科学技术出版社，2016.

[53] 许浩. 景观设计：从构思到过程 [M]. 北京：中国电力出版社，2010.

[54] 庞菊爱. 全球化背景下宁波城市品牌形象构建与传播策略研究 [M]. 上海：上海交通大学出版社，2016.

[55] 龚立君. 城市景观设计教程 [M]. 北京：中国建筑工业出版社，2007.

[56] 丁金华. 城市景观规划设计 [M]. 北京：化学工业出版社，2014.

[57] 文春英. 城市品牌与城市文化 [M]. 北京：中国传媒大学出版社，2014.

[58] 李兴国. 北京形象——北京市城市形象识别系

统（CIS）及舆论导向 [M]. 北京：中国国际广播出版社，2008.

[59] 李映洲，董珍慧 . 论敦煌壁画艺术的美学风格 [J]. 敦煌研究，2007，102（2）：58.

[60] 白志刚 . 国际视野中的城市形象研究专题 [M]. 北京：知识产权出版社，2014.

[61] 孙湘明 . 城市品牌形象系统研究 [M]. 北京：人民出版社，2012.

[62] 冯乙 . 城市导示系统色彩设计 [M]. 北京：中国林业出版社 ,2012.

[63] 靳埭强 . 城市形象：设计实践与教学 [M]. 桂林：广西师范大学出版社 ,2013.

[64] 王京红 . 城市色彩：表述城市精神 [M]. 北京：中国建筑工业出版社 ,2013.

[65] 朱钟炎，章丹音 . 城市形象设计 [M]. 上海：上海文艺出版集团发行有限公司 ,2011.

[66] 宋冬慧 . 现代城市形象塑造及中国本土化研究 [M]. 北京：中国纺织出版社 ,2018.

[67] 周麟祥 . 城市形象景观设计 [M]. 北京：中国建筑工业出版社 ,2016.

英文摘要

[1]Bird, M., Channon, C., & Ehrenberg, A. S. C. *Brand Image and Brand Usage*[J]. Journal of Marketing Research,1970, 4（7）: 307-314.

[2]Clarke, J. *Tourism Brands: An Exploratory Study of the Brands Box Model* [J]. Journal of Vacation Marketing, 2000, 6（4）: 329‐345.

[3]Goeldner, C., Ritchie, J. & MacIntosh, R. W. *Tourism：Principles, practices, philosophies*[M]. New York：Wiley, 2000.

[4]Herzog, H. （1963）, *Behavioral Science Concepts for Analyzing the Consumer*[C], Marketing and the Behavioral Sciences, Perry Bliss ed., Boston：Allyn and Bacon Inc.,1963.

[5]Engel, J. F., Roger, D. B., & Robert, J. K., *How Information Is Used to Adopt an Innovation*？[J] Journal of Advertising Research, 1969, 9（4）：3-8.

[6]Butler, R. W. *Tourism ：An Evolutionary Perspective*[C], In Tourism and Sustainable Development：Monitoring, Planning, Managing, eds. J. G. Nelson, R. Butler, & G. Wall, Department of Geography, University of Waterloo,1993.

[7]Knapp, D., & Sherwin, G.*Destination Brand Science*[M]. Washington, DC：International Association of Convention and Visitor Bureaus, 2005.

[8]Mathieson, A. & Wall, G. *Tourism：Economic, Physical and Social Impacts*[M]. New York：Longman House, 1982.

[9]Ritchie J., & G. Crouch. *The Competitive Destination：A Sustainable Tourism Perspective*[M]. Wallingford：cabi, 2003.

[10]Woodside, A. G., & Lysonski,S. *A General Model of Traveler Destination*[J]. Journal of Travel Research, 1989, 27（4）：8-14

[11]Yoo, B., Donthu, N., & Lee,S. *An Examination of Selected Marketing Mix Elements and Brand Equity*[J]. Journal of the Academy of Marketing Science,

2000, 28 (2): 195 – 211.

[12]Lew, A. A. *A Framework of Tourist Attraction Research, Annals of Tourism Research*[J], 1987,14 (4): 553–575.

[13]Riege, A. M., Perry, C. & Go, F, M. *Partnerships in International Travel and Tourism Marketing: a Systems-oriented Approach between Australia, New Zealand, Germany and the United Kingdom*[J]. Journal of Travel and Tourism, 2001, 11 (1): 59 – 78.

[14]Rudofsky, B. *Architecture without Architects*[M]. London: Academy Editions, 1996.

[15]Winfiled-Pfefferkorn, J. *The Branding of Cities: Exploring City Branding and the Importance of Brand image*[D]. Master These: Syracuse University, Aug, 2005.

[16]Keller, K. L. *Conceptualizing, Measuring, and Managing Customer-Based Brand Equity*[J], Journal of Marketing, 1993, 57 (1): 1–22.

[17]Liachenko, E. *Exploring Culture, History and Nature as Tourist Destination Branding Constructs: The Case of a Peripheral Region in Sweden*[C]. Paper presented at the 14th Nordic Tourism and Hospitality Research Conference, Akureyri, Iceland, 2010.

[18]Room, A. *History of Branding*[C]. In Branding: A Key Marketing tool, ed. J. Murphy, 13 – 21. London: Macmillan, 1992.

[19]Konecnik, M. *The Image as a Possible Source of Competitive Advantage of the Destination: The Case of Slovenia*[J]. Tourism Review, 2002, 57 (1 – 2):

6 - 12.

[20]Dunae, K, & Blaine, B. *The Brand Science Guide for destination RFPs*[M]. Brand Strategy, Inc.2004.

[21]Duane K. & Gary, S. *Destination Brand Science*[M]. International Association of Convention and Visitors Bureaus,2005.

[22]Kavaratzis, M. *Placing Branding: A Review of Trends and Conceptual Models*. The Marketing Review, 2005,5（4）: 329-342.

[23]Keller, K. L. *Strategic Brand Management: Building, Measuring and Managing Brand Equity*[M]. New Jersey: Prentice Hall.2003.

[24]Gunn, C.A. *Tourism planning*[M]. New York, NY: Taylor—Franeis.1988.

[25]Harrison, J. *Museums and Touristic Expectations*[J]. Annals of Tourism Research, 1997, 24（1）: 23-24.

[26]Featherman, S. &Pavlou, A. P. *Predicting E-services Adoption: A Perceived Risk Facets Perspective*[J]. International Journal of Human-Computer Studies, 2003, 59（3）: 451-460.

[27]Brunt, P., & Courtney, P. *Host Perceptions of Sociocultural Impacts*[J]. Annals of Tourism Research,1999, 26（3）: 493 - 515.

[28]Bullmore, J. *The Brand and Its Image Revisited*[J]. International Journal of Advertising, 1984, 3（1）: 235-238.

[29]Ritchie, J. *Consensus Policy Formulation in Tourism: Measuring Resident Views via Survey Research*[J]. Tourism Management, 1988, 9（3）: 199-212

[30]Cohen, E. *The Impact of Tourism on the Physical Environment*[J]. Annals of Tourism Research,1978, 5（5）：63-72

[31]Gómez, M. V. *Reflective Images: The Case of Urban Regeneration in Glasgow and Bilbao*[J]. International Journal of Urban and Regional Research, 1998,22（1）：106-121.

[32]Guielford, J. P. *Fundamental Statistics in Psychology and Education*[M].New York ： Mc Graw-Hill, 1965.

[33]Hsieh, Ming-Huei. *Measuring Global Brand Equity Using Cross-National Survey Data*[J]. Journal of International Marketing, 2004, 12（2）：28-57.

[34]Widdis, P. *Bringing Brands to Life: Experiential Marketing Works by Touching Consumers' Hearts*[J]. Marketing Magazine, 2001, 106（2）：18-24.

[35]Grangsjo, Y. F. *Destination Networking: Competition in Peripheral Surrounding*[J]. International Journal of Physical Distribution & Logistics Management, 2003, 33（5）：427－448.

[36]Blain, C., S. E. Levy, & B. Ritchie. *Destination Branding: Insights and Practices from Destination Management Organizations*[J]. Journal of Travel Research, 2005, 43（4）：328－338.

[37]Gardner, B., & Levy, J. *The Product and Brand*[J]. Harvard Business Review, 1955,3（4）：33-39.

[38]Katz, E., & Lazarsfeld, P.E. *Personal Influence: The Part Played by People in the Flow of Mass Communications*[M]. Glencoe, IL: Free Press.1955.

[39]Cai, L. A. *Cooperative Branding for Rural*

Destinations[J]. Annals of Tourism Research, 2002, 29（3）: 720-725.

[40]Biel, A.L. *Converting image Into Equity*[C]. In Aaker, D.A. and Biel, A.L.（Eds）, Brand Equity & Advertising's Role in Building Strong Brands, Lawrence Erlbaum Associates, Hilldale, NJ, 1993.

[41]Dixon, J. *How Can Public Participation Become Real*[J].Public Administration Review, 1975,35（1）: 69-70.

[42]Kaplanidou, K., & Vogt., C. *Destination Branding: Concept and Measurement*[M]. Working paper, Michigan State University, 2003.

后 记

　　在《城市传播与景区品牌》一书的写作中,对"城市文化与品牌形象"一直想进行论述,但又怕偏离主题而每每欲言又止。好在现在能把当时的点滴思路整理出来,也算是了却一点心愿。

　　首先要感谢我的博士生导师舒咏平教授,虽然博士毕业已经六年,但先生在品牌传播领域的开创地位,使我得以庇荫。读博期间,跟随先生走南闯北跑调查、作研究所培养的研究视野、研究能力真的是受益终生,拜入先生门下可谓三生有幸。先生时刻关心我的工作发展与家庭生活。每当先生遇到好的文章、好的平台都会与我分享。逢年过节相聚时,先生对我的家庭生活也是关心备至。师恩浩荡,铭记于心。

　　本书从成文到出版得到许多领导、同事及学生的帮助。湖北工业大学艺术设计学院周峰院长、牛旻老师对本书给予了大力帮助,科技处熊炜主任亦对本书支持颇多。在书稿修改过程中,研究生尹昕、柳申奥、余金珂等同学协助甚多,其中尹昕同学对本书的后期整理工作投入了大量精力,在此一并感谢。

　　再次感谢湖北工业大学对我多年的培养。从湖北工学院到湖北工业大学,从马房山坡到巡司河畔,从硕士点到博士点……学校,学院在这里不断变化。从本科生到研究生导师,从助教到教授,从科研小白到 PI 负责人……我也在这里不断成长。学院的历任领导们、老师们、同事们都给了我莫大的关心与帮助,深表谢意。

　　最要感谢的当然是我的父母与岳父母,父母将儿女视为一生的骄傲和自豪,你们是我前进路上最大的动力源。希望我现在和今后的成绩能够回报你们对我的期望。

最后要感谢我的妻子,你很勇敢并坚强,让我们能够儿女双全。我想,听着儿子咿呀学语的叽叽喳喳和看着女儿天真迷人的灿烂笑容,应该是这世上最幸福的事了。你们是我前进的最大支撑,我也会继续加倍努力,为你们撑起一片天。

饶 鉴

戊戌年春于湖北工业大学